이화유치원

교육과정 운영의 실제

만 4세 ⑩ 소비생활

이화유치원 교육과정 운영의 실제

만 4세

⑩ 소비생활

이화여자대학교 사범대학 부속이화유치원

㈜교 문 사

머리말

올해로 97년의 오랜 역사와 전통을 자랑하는 이화유치원은 우리나라에서뿐만 아니라 전 세계에서 탁월한 유아교육을 실행하는 유치원으로 높이 평가받고 있습니다. 이화유치원은 이에 긍지와 자부심, 책임감을 가지고 있으며, 무한한 가능성을 가진 유아들이 바르고, 착하고, 아름답게 자랄 수 있도록 최적의 교육환경과 교육과정을 제공하기 위해 항상 노력하고 있습니다. 더 나아가 미래사회를 책임질 유아들의 건강한 성장과 발달을 위해 끊임없이 새로운 프로그램을 개발하고, 유아교육의 질을 제고하기 위한 연구를 지속하여 유아교육 발전을 선도해 가고 있습니다.

유아의 성장 및 발달에 적합한 환경과 교육과정으로 질 높은 유아교육을 충실히 실행하는 것이 이화유치원의 중요한 사명 중 하나라면 또 다른 중요한 사명은 유아의 발달 및 유치원 교육과정, 교수방법, 교육환경 등에 관한 연구를 수행하고 그 결과를 출판하여 보급하는 것입니다. 이에 따라 이 책 『이화유치원 만 3, 4, 5세 교육과정 운영의 실제』는 이화유치원의 중요한 사명을 성공적으로 완수해 낸 결과물인 것입니다.

이화여자대학교 사범대학 부속이화유치원에서 1992년과 1995년 두 번에 걸쳐 『만 3, 4, 5세 어린이를 위한 유치원 교육과정 운영의 실제』를 출판한 지 어느덧 16년이 지났습니다. 2004년에 이화유치원 창립 90주년 기념행사를 성황리에 개최한 이후 새로운 『만 3, 4, 5세 유아를 위한 이화유치원 교육과정 운영의 실제』를 출판하기 위한 준비 및 집필 작업을 계속해 왔고 드디어 2011년에 출판하게 됨을 매우 기쁘게 생각합니다.

『이화유치원 만 4세 교육과정 운영의 실제』의 1학기 생활주제는 「즐거운 유치원」, 「나」, 「봄」, 「가족」, 「동물」, 「동네와 지역사회」, 「여름」이고, 2학기 생활주제는 「교통기관」, 「우리나라」, 「소비생활」, 「가을」, 「겨울」입니다. 기존 만 4세 교육과정 운영의 실제에서 제시한 생활주제 중 「나와 가족」을 「나」, 「가족」으로 분리했고, 「즐거웠던 여름방학」과 「즐거웠던 겨울방학」을 각각 「여름」과 「겨울」 생활주제로 통합했습니다. 또한 「동네와 지역사회」와 「소비생활』을 새로운 생활주제로 추가했습니다.

『이화유치원 만 4세 교육과정 운영의 실제』는 동일하게 3개의 장으로 구성되어 있습니다. 1장에서는 각 생활주제 선정의 의의와 교육 목표를 소개했습니다. 생활주제에서 다루어야 할 학습 내용을 2~5개의 주제로 구분하고, 주제별로 교육 목표와 내용을 설명했습니다. 2장에서는 교육환경에 대해 소개했습니다. 원내와 교실의 흥미 영역을 교육 내용에 적합하게 구성하는 방법을 설명했고, 사진을 실례로 소개했습니다. 3장에서는 생활주제에 적합한 교육활동을 주제별로 소개했습니다. 교육활동의 전개 방법에서는 유아들이 흥미를 가지고 능동적으로 참여하여 교육 내용을 이해하고 학습할 수 있도록 하기 위해 교사가 만 4세 유아들의 발달 수준, 지식, 경험 등에 적합한 교육적 대화를 어떻게 나누는지를 소개하는 데 중점을 두었습니다. 이 책에 수록된 교육활동을 현장에서 실시할 때 도움이 되도록 교사의 질문 및 언어적 상호작용을 구체적으로 자세하게 기술하였고, 내용을 쉽게 이해할 수 있도록 사진 및 삽화를 수록했습니다. 활동 시 참고할 사항을 Tip으로 제시했고 유의점에 주의해야 할 사항을 설명했습니다. 또한 확장활동 및 관련활동을 제시하여 교육활동들 간의 연계성을 강조했습니다. 부록에는 주간교육계획안과 일일교육계획안의 예시를 수록하여 실제 교육계획안 수립 시 참고할 수 있도록 했습니다.

이화유치원에서는 교육과정의 학습경험 설정 및 효과적 조직에서 요구되는 세 가지 준거—계속성(continuity), 계열성(sequence), 통합성(integraty)—를 갖추고자 지속적인 연구와 노력을 거듭하고 있습니다. 이 책에서는 만 3, 4, 5세 교육과정 간 계속성, 계열성, 통합성에 초점을 맞추어 연구 · 개발된 새로운 생활주제, 주제 및 교육활동들을 소개했습니다. 또한 본 유치원에서 지난 10여 년간 실행해 온 각종 연구들—기본생활습관교육, 소비자교육, 극놀이, 요리활동, 종일반 프로그램, 수학교육, 리더십교육, 언어교육, 동작교육, 문학교육, 전통문화예술교육—을 통해 새롭게 개발된 생활주제, 주제 및 교육활동들을 이 책에 소개했습니다. 기존『만

4세 어린이를 위한 유치원 교육과정 운영의 실제』에 수록되었던 활동들의 경우, 최근 유아들의 발달적 특성, 요구, 홍미에 적합하게 또한 시대적 변화와 요구에 부응할 수 있도록 수정 · 보완해서 소개했습니다.

그동안 이 책이 출판될 수 있도록 도와주신 여러 분들께 머리 숙여 감사를 드립니다. 먼저 『이화유치원 만 4세 교육과정 운영의 실제』를 함께 집필해 주신 이화유치원 전 · 현직 교사들—오지영, 강은정, 김은수, 김혜전, 이예린, 장정윤—께 감사를 드립니다. 유아교육 발전을 위한 이화유치원의 사명을 완수하기 위해 지난 몇 년간 주말이나 공휴일은 물론이고 방학에도 쉬지 못하면서 이 책의 집필 과정에 참여해 주신 여러 분들의 헌신적 노력은 유아교육의 역사에서 오래 기억될 것입니다. 이 책의 집필 과정에서 여러모로 도움을 주신 이화유치원 전 · 현직 교사들—김수정, 박정민, 박미정, 안예슬—께도 깊은 감사를 드립니다. 또한 이 책을 출판해 주신 (주)교문사 류제동 사장님, 정용섭 부장님을 비롯한 직원 여러 분들께도 진심으로 감사를 드립니다.

끝으로 이 책이 출판될 수 있도록 간접적으로 도와주신 분들께도 감사를 드립니다. 그동안 유아교육을 공부하는 학부생 및 대학원생, 유아교사, 유아교육학자, 유아교육 전문가 및 행정가, 심지어 학부모들께서도 이 책이 언제 출판되는지를 문의하고 출판을 서둘러 주기를 부탁하셨습니다. 『이화유치원 만 3, 4, 5세 교육과정 운영의 실제』를 하루빨리 출판해 달라는 많은 분들의 요청이 저희들에게 든든한 힘과 격려가 되어 주었기에 이 자리를 빌려 감사의 마음을 전하며, 여러분들께서 기대하신 만큼 큰 도움 받으시기를 바랍니다.

2011년 7월 25일

집필진 대표 홍용희

차 례

머리말 Ⅳ

1장 생활주제 선정의 의의와 목표 1

1. 생활주제 선정 2
2. 주제 및 목표 선정 2

2장 환경 구성 5

1. 실내 환경 : 현관, 복도 6
2. 실내 환경 : 교실 8

3장 활 동 13

★ 주제별 활동 목록 14

1. 아껴 쓰기 15

이야기나누기 우리가 아껴 쓸 수 있는 것들 16
이야기나누기 아끼는 물건 소개하기 18
이야기나누기 잃어버린 물건 찾기 20
동 화 장난감 소중하게 다루기 22
음악감상 장난감 교향곡 26
조 형 조각종이 모자이크 28
노 래 작은 조각종이 30
신 체 물건 아껴 쓰기 32
수 학 돈 아껴 쓰기 34
사 회 저금하기 36

2. 나눠 쓰기 · 바꿔 쓰기 39

이야기나누기 우리가 나누어 쓸 수 있는 것들 40
이야기나누기 벼룩시장에서 팔 물건 가져오기 41
언 어 벼룩시장 포스터 만들기 43
이야기나누기 벼룩시장 44
역할 놀이 벼룩시장 놀이 46
수학 · 조작 어느 가게에서 샀을까요? 48
과 학 밀가루 점토 만들기 49

3. 고쳐 쓰기 · 다시 쓰기 51

이야기나누기 우리가 다시 쓸 수 있는 것들 52
수학 · 조작 어떻게 고칠까요? 54
수학 · 조작 우유갑을 휴지로 바꿔 주세요 56
실 외 우유갑 손질하기 57
조 형 우유갑에 그림 그리기 58
쌓기 놀이 폐품블록으로 만들기 60
조 형 폐품으로 집 만들기 62
조 형 폐품으로 인형 만들기 63
음 률 폐품으로 만든 악기 연주하기 64
동 화 물려받고 물려주기 66
과 학 프렌치토스트 68

〈부 록〉 71

1. 주간교육계획안 72
2. 일일교육계획안 74

참고문헌 78

1 장

생활주제 선정의 의의와 목표

1 장

생활주제 선정의 의의와 목표

1. 생활주제 선정

자연환경은 동식물과 인간 삶의 터전으로서 지구상의 생물들이 살아가는 데에 필요한 자원을 제공해 준다. 그러나 현대사회에서 자연은 점차 훼손되어 가고 생태계의 불균형이 이루어져 결국 인간의 삶에 악영향을 미치고 있다. 인간과 자연이 조화를 이루며 평화롭게 살아가기 위해서는 유아기부터 자연친화적인 태도를 기르고 자연환경을 보호하기 위한 생활습관을 가져야 한다. '소비생활' 은 유아들이 환경보호 방법의 일환으로 '아나바다' 운동에 대해 알아보며 생활 속에서 이를 실천하게 하기 위해 선정된 생활주제이다. 유아들이 생활에 유용한 물건과 자원이 유한함을 알고, 물자를 아껴 쓰도록 하고 다른 사람들과 필요한 물건을 나누어 쓰거나 바꾸어 쓰게 한다. 낡고 고장 난 물건을 버리기 전에 고쳐서 다시 쓰거나 필요한 사람과 바꾸어 씀으로써 생활 쓰레기를 줄이고 이를 통해 환경보호를 실천해 나가게 한다. 또한 유아들이 필요한 물건을 사기 위해 돈이 필요함과 돈을 계획적으로 사용해야 하고 아껴 사용해야 함을 알도록 한다. '소비생활' 에서 유아들은 환경을 보호하고 바람직한 소비생활을 해야 함을 학습할 것이다.

2. 주제 및 목표 선정

'소비생활' 생활주제는 '아껴 쓰기', '나눠 쓰기·바꿔 쓰기' '고쳐 쓰기·다시 쓰기' 로 구성되었다.

생활주제	주 제
소비생활	아껴 쓰기
	나눠 쓰기 · 바꿔 쓰기
	고쳐 쓰기 · 다시 쓰기

각 주제별 교육 목표 및 교육 내용은 다음과 같다.

주제	분류	목표 및 내용
1. 아껴 쓰기	교육 목표	• 자신의 물건을 잘 간수한다. • 물건을 아껴 써야 하는 이유를 안다. • 물건을 아껴 쓰는 습관을 기른다. • 자원을 절약하는 습관을 기른다.
	교육 내용	'아껴 쓰기'는 유아들이 일상생활에서 물자를 절약하고 자원을 아껴 사용하는 습관을 기를 수 있도록 선정한 주제이다. 유치원이나 가정에서 아껴 쓸 수 있는 것들을 알아보고 조형 활동, 수학 활동, 신체 활동 등을 통해 아껴 쓰는 방법을 알고 익히도록 한다. 유아들이 물건과 자원 아껴 쓰기를 생활화할 수 있도록 일상에서 지속적으로 지도한다.
2. 나눠 쓰기 · 바꿔 쓰기	교육 목표	• 친구들과 물건을 나누어 쓴다. • 자신에게 필요하지 않은 물건을 필요한 사람에게 주거나 바꿔 쓴다. • 벼룩시장의 의미를 안다. • 벼룩시장 준비 과정에 참여한다.
	교육 내용	'나눠 쓰기 · 바꿔 쓰기'는 유아들이 물건을 나누어 쓰거나 필요한 물건을 서로 바꾸어 쓰게 하기 위해 선정한 주제이다. 유아들이 유치원에 있는 물건의 수가 한정되어 있음을 알고 이를 나누어 쓰는 방법을 실천해 보게 한다. '벼룩시장' 교육 행사를 통해 자신에게 필요하지 않은 물건을 버리지 않고 필요한 사람에게 주거나 바꿔 쓸 수 있도록 한다. 벼룩시장에서 사용할 물건을 수집하고 준비하며 직접 구매하고 판매하는 과정에 유아들이 주도적으로 참여함으로써 벼룩시장의 참뜻을 알고 바꿔 쓰기를 생활 속에서 지속적으로 실천할 수 있도록 한다.
3. 고쳐 쓰기 · 다시 쓰기	교육 목표	• 재활용의 의미를 안다. • 물건을 재활용하는 방법을 안다. • 주변에서 다시 쓸 수 있는 물건을 찾아 재활용한다. • 낡고 고장 난 물건을 고쳐서 쓴다. • 쓰레기 분리수거 방법을 알고 실천한다. • 물건을 버리기 전에 고쳐 쓰거나 다시 쓰는 태도를 기른다.
	교육 내용	'고쳐 쓰기 · 다시 쓰기'는 유아들이 물건을 재활용함으로써 쓰레기를 줄이고 환경을 보호하는 생활 태도를 기를 수 있게 선정한 주제이다. 유아들이 낡거나 고장 난 물건을 버리기 전에 고쳐 사용하거나 다른 용도로 다시 사용해 보게 한다. 또한 쓰레기 분리수거의 필요성과 방법에 대해 알아보고 생활 속에서 실천해 본다. 폐품으로 블록, 악기, 놀이기구 등을 만들고 이를 활용해 놀이하는 등 일상생활에서 다양한 물건을 재활용함으로써 쓰레기를 줄이는 방법을 실천한다. 유아들이 물건을 고쳐 쓰고 다시 쓰는 습관을 가질 수 있도록 '고쳐 쓰기 · 다시 쓰기'를 비롯한 '아껴 쓰기', '나눠 쓰기 · 바꿔 쓰기' 교육은 연중 지속적으로 실시한다.

2장

환경 구성

2장

환경 구성

1. 실내 환경 : 현관, 복도

1) 게시판

현관 게시판은 유아들이 우유갑에 그린 그림을 모자이크 형식으로 붙이거나 다양한 폐품을 이용하여 만든 작품을 붙여 꾸민다. 유치원 교육활동에 관련된 각종 안내사항과 가정에서 할 수 있는 환경보호 방법, 아나바다 운동 포스터 등을 게시하여 유아들이 가정에서 환경보호를 지속적으로 실천할 수 있도록 한다. 또한 급·간식 식재료의 원산지를 매일 게시한다.

10월 유치원 현관 게시판

2) 복도 벽면

복도 벽면은 생활주제와 관련하여 실시한 활동 사진(예: 어린이 벼룩시장, 폐품을 이용한 작품 만들기 등)을 게시한다. 유아들과 자원을 절약하기 위해 의논한 내용을 포스터로 만들고 다른 학급 유아들이 만든 자료와 함께 게시하여 볼 수 있도록 한다.

어린이 벼룩시장 포스터 및 사진

만 5세 유아들이 제작한 자원 절약 포스터

2. 실내 환경 : 교실

- 생활주제 : 소비생활
- ○○○반 흥미 영역 배치도 ○○○○학년도 ○월 ○주 ~ ○월 ○주

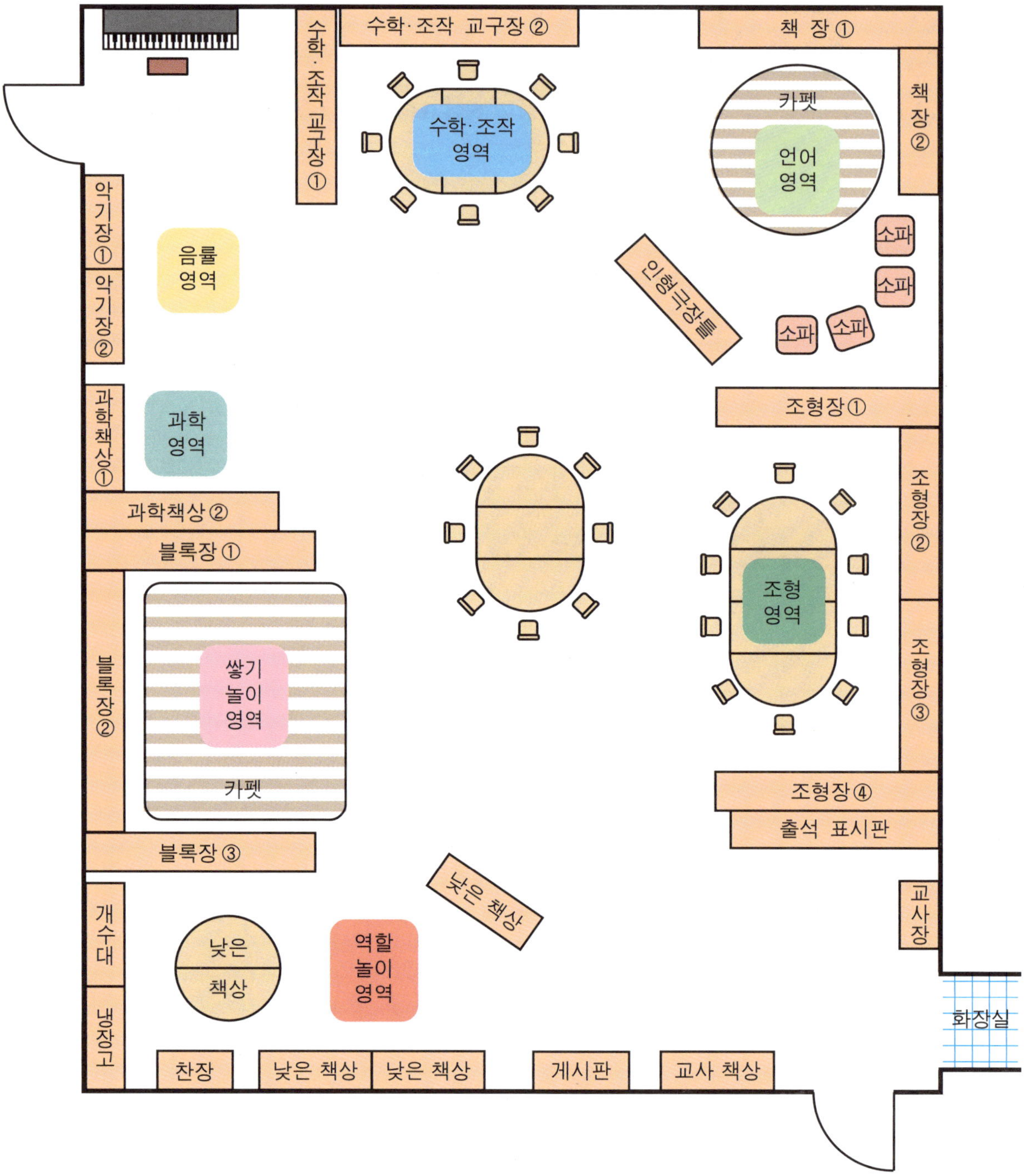

1) 교실 벽면

(1) 출석 표시판

가게나 시장을 배경으로 출석 표시판을 만들고 유아들이 가게에서 파는 물건을 그리거나 신문, 잡지 등에서 물건 사진을 오려 출석 표시 그림으로 사용한다. 조각종이로 구성할 모양(예: 하트, 동그라미 등)을 정한 뒤, 모양을 부분으로 나누고 각 부분에 맞게 오린 조각종이에 그림을 그려 출석 표시 그림을 만든다. 유아들이 등원하여 각자 출석 표시 그림을 붙이면 출석 표시판이 완성된다.

가게와 시장을 주제로 한 출석 표시판

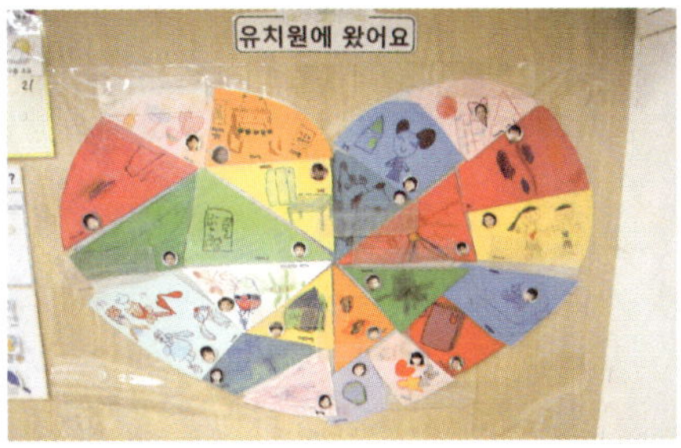

조각종이로 만든 출석 표시판

(2) 벽면 전시

교실 벽면에 어린이 벼룩시장을 위해 유아들과 함께 만들었던 벼룩시장 포스터나 벼룩시장에서 팔았던 물건의 사진과 가격, 그림으로 구성된 전단지 등을 게시한다. 유아들의 조형 작품(예: 폐품으로 만든 집, 폐품으로 만든 인형, 조각종이 모자이크 등)을 전시하거나 놀이에 활용하게 한다.

유아들이 만든 벼룩시장 포스터

2) 흥미 영역

(1) 언어 영역

① 읽기 영역

읽기 영역 책장에 환경보호, 아나바다 운동, 재활용, 합리적인 소비생활 등을 주제로 한 그림책을 비치한다. 벼룩시장에서 팔 물건으로 집에서 가져온 물건의 사진과 명칭, 아끼는 물건 조사 결과물 등을 벽면에 제시한다.

② 말하기 영역

유아들이 폐품으로 만든 인형과 인형극 틀을 제시하여 자신과 친구들이 직접 만든 인형으로 놀이할 수 있게 한다.

③ 쓰기 영역

신문, 잡지, 전단지 등에서 물건의 사진을 오려 종이에 붙이고 이름을 써 볼 수 있게 한다. 가위, 풀, 종이 등을 제공하고 벽면에 물건의 이름 글자를 게시한다.

(2) 쌓기 놀이 영역

블록으로 사용할 수 있는 견고하고 깨끗한 상태의 여러 가지 폐품들(예: 종이상자, 달걀판, 우유갑, 플라스틱통 등)을 모아 종류별로 나누어 제시한다. 모양이 일정한 것들은 종류별로 교구장에 제시하고 형태가 일정하지 않은 플라스틱류의 폐품들은 바구니에 담아 교구장 옆에 비치한다. 낡은 블록을 색지나 달력종이 등으로 포장하여 제공한다.

폐품 블록장

(3) 역할 놀이 영역

역할 놀이 영역 벽면에 어린이 벼룩시장을 위해 만들었던 포스터나 전단지, 활동 사진을 게시한다. 벼룩시장에서 팔리지 않은 물건이나 교실에 있는 장난감, 인형, 문구류, 책 등을 카트나 장바구니, 계산대, 영수증, 필기도구와 함께 제시해 주어 벼룩시장 경험을 회상하고 놀이를 할 수 있게 한다.

벼룩시장 놀이하기

인형 가게

장난감 가게

(4) 수학 · 조작 영역

게임을 통하여 물건을 아껴 쓰고, 고쳐 쓰고, 다시 쓸 수 있는 방법들을 짝짓고 분류해 볼 수 있는 교구들(예 : '어떻게 고칠까요?', '우유갑을 휴지로 바꿔 주세요.' 등), 필요한 물건을 사고파는 판게임류(예 : '어느 가게에서 샀을까요?' 등)를 제공하여 유아들이 수학적 사고능력을 기르고 자원 절약과 합리적인 소비생활 태도를 기를 수 있게 한다.

수학 · 조작 영역 교구장

(5) 과학 영역

밀가루로 점토를 만들어 보도록 밀가루, 계량컵, 계량스푼, 식용색소를 푼 물, 투명한 그릇을 준비한다. 유아들이 계량컵과 계량스푼으로 밀가루와 물의 양을 계량하여 반죽을 만들 수 있게 한다. 벽면이나 책상에는 점토를 만드는 순서 사진을 글과 함께 게시하여 자유선택활동 시간 동안 유아들이 스스로 활동에 참여할 수 있도록 한다. 또한 작업복, 위생장갑, 걸레 등을 준비한다. 유아들이 만든 밀가루 점토는 조형활동에 사용한다.

밀가루 점토 만들기

(6) 조형 영역

조형 재료로 다양한 폐품을 제공한다. 종이장에는 이면지, 여러 가지 크기의 조각종이, 신문지 등을 준비해 주고 다 쓴 펜대나 재활용 리본끈 등을 꾸미기 재료로 내어 준다. 종이상자, 플라스틱 용기 등을 모양별, 크기별로 분류하고 교구장에 정리하여 활용할 수 있도록 한다.

폐품장

다양한 종류의 종이

(7) 음률 영역

악기장에는 폐품으로 만든 악기들을 제시한다. 플라스틱통, 휴지 속심, 분유통, 페트병 등의 폐품에 곡식을 넣거나 방울, 꾸미기 재료 등을 붙여 만든 악기를 만든다. 완성한 악기는 모양별, 소리별로 분류하여 음률 영역 교구장에 비치한다. 벽면에는 폐품으로 만든 악기로 연주하는 사진을 게시한다.

음률 영역 교구장

음률 영역 벽면

3장

활동

1. 아껴 쓰기
2. 나눠 쓰기 · 바꿔 쓰기
3. 고쳐 쓰기 · 다시 쓰기

★ 주제별 활동 목록

구분		아껴 쓰기	나눠 쓰기 · 바꿔 쓰기	고쳐 쓰기 · 다시 쓰기
자유 선택 활동	쌓기 놀이 영역			폐품블록으로 만들기
	역할 놀이 영역		벼룩시장 놀이	
	언어 영역		벼룩시장 포스터 만들기	
	수학 · 조작 영역		어느 가게에서 샀을까요?	어떻게 고칠까요? 우유갑을 휴지로 바꿔 주세요
	과학 영역		밀가루 점토 만들기	
	조형 영역	조각종이 모자이크		우유갑에 그림 그리기 폐품으로 집 만들기 폐품으로 인형 만들기
	음률 영역			폐품으로 만든 악기 연주하기
	실외 영역			우유갑 손질하기
대소 집단 활동	이야기나누기	우리가 아껴 쓸 수 있는 것들 아끼는 물건 소개하기 잃어버린 물건 찾기	우리가 나누어 쓸 수 있는 것들 벼룩시장에서 팔 물건 가져오기 벼룩시장	우리가 다시 쓸 수 있는 것들
	동화 · 동극 · 동시	장난감 소중하게 다루기(동화)		물려받고 물려주기
	노래 · 음악감상 · 악기연주	장난감 교향곡(음악감상) 작은 조각종이(노래)		
	율동			
	신체	물건 아껴 쓰기(게임)		
	수학	돈 아껴 쓰기		
	과학			프렌치토스트
	사회	저금하기		

※ 본 교재에 수록된 활동은 만 4세 '소비생활' 생활주제에서 실시하고 있는 교육활동 중 일부만 소개된 것입니다.

1. 아껴 쓰기

우리가 아껴 쓸 수 있는 것들 / 아끼는 물건 소개하기
/ 잃어버린 물건 찾기 / 장난감 소중하게 다루기 / 장난감 교향곡
/ 조각종이 모자이크 / 작은 조각종이 / 물건 아껴 쓰기
/ 돈 아껴 쓰기 / 저금하기

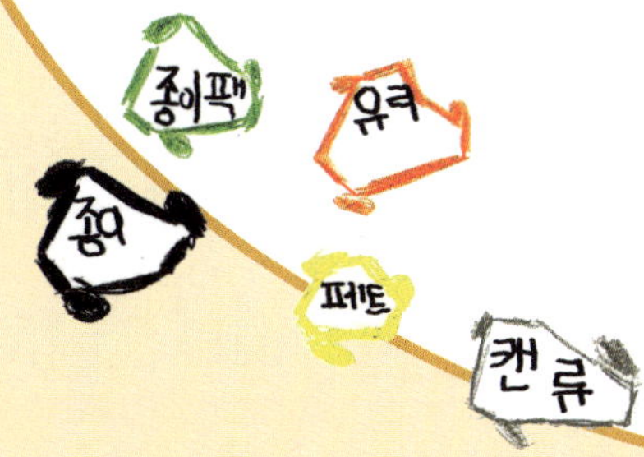

활 동 **1**

우리가 아껴 쓸 수 있는 것들

집단형태

대집단활동

활동유형

이야기나누기

활동자료

유아들이 아껴 쓸 수 있는 물건(예: 색종이, 도화지, 휴지 등)

활동목표

- 절약의 필요성과 의미를 알고 실천한다.
- 주변에서 절약할 수 있는 물건을 찾아본다.

활동방법

○ 절약의 필요성과 의미에 대하여 이야기 나눈다.

- '아껴 쓴다' 는 말은 어떤 뜻일까요?
  - 물건을 함부로 사용하지 않는 것이다.
  - 필요한 만큼만 사용하는 것이다.
- 물건을 왜 아껴 써야 할까요?
  - 물건을 아껴 쓰지 않으면 금세 다 써 버려서 새것을 사야 한다.
  - 새것을 사려면 돈이 든다.
  - 새 물건을 만드는 데 재료가 들어간다.

○ 유치원에서 아껴 쓸 수 있는 물건에 대하여 이야기한다.

- 우리 반에서 아껴 쓸 수 있는 물건은 무엇이 있을까요?
  - 색종이, 도화지, 휴지, 장난감, 물, 연필 등

○ 유치원에서 물건을 아껴 쓰는 방법을 이야기한다.

- 어떻게 하면 아껴 쓸 수 있을까요?
  - 색종이 : 여러 장 꺼내지 않고 필요한 만큼만 꺼내서 쓴다.
  - 도화지 : 완성하지 못한 그림이 있으면 그리던 그림을 완성한 후에 새 종이를 쓴다.
  - 종이 타월 : 한 번에 한 장씩 사용한다.
  - 장난감 : 던지지 않는다. 놀이한 다음에는 제자리에 정리한다.
  - 수돗물 : 비누칠을 하는 동안 수도꼭지를 잘 잠근다. 수도꼭지를 틀어 놓고 물장난을 하지 않는다.
  - 연필 : 사용한 후에 연필꽂이에 꽂아 둔다. 연필의 길이가 짧아지면 펜대를 꽂아서 쓴다.

○ 유아들과 함께 아껴 쓰기에 대한 표어를 만들어서 교실과 화장실에 붙여 둔다.

  - 수돗가 : '물을 아껴 쓰세요'

• 화장실 : '종이휴지는 한 장씩만'

○ 절약하기에 유아들이 관심을 갖고, 일상에서 실천할 수 있도록 지속적으로 지도 한다.

관련활동

- 노래 '작은 조각종이' (30쪽 참고)
- 신체(게임) '물건 아껴 쓰기' (32쪽 참고)
- 조형영역 '조각종이 모자이크' (28쪽 참고)

활동 2 아끼는 물건 소개하기

집단형태

대집단활동

활동유형

이야기나누기

활동자료

유아들이 집에서 가지고 온 아끼는 물건(예: 인형, 아기 앨범, 그림책, 이불 등)

유아들이 가지고 온 아끼는 물건 소개하기

유아들이 아끼는 물건

활동목표

- 자신이 아끼는 물건이 무엇인지 안다.
- 아끼는 물건을 소중히 여기고 함부로 다루지 않는 태도를 기른다.

활동방법

○ 본 활동을 하기 2~3일 전, 교사의 아끼는 물건을 유아들에게 소개하고 유아들도 아끼는 물건을 유치원에 가져와 친구들에게 소개하기로 한다.

- 선생님에게는 특별히 아끼는 물건이 있어요. 바로 이 베개예요. 선생님이 어렸을 때부터 쓰던 베개라서 정이 많이 들었어요.
- 여러분들도 특별히 아끼는 물건이 있나요?
- 정이 들어서 아끼는 물건을 유치원에 가지고 오세요. 친구들과 함께 보면서 이야기 나누도록 해요.

○ 유아들이 가지고 온 물건(예: 인형 등)을 다함께 보면서 이야기 나눈다.

- 이 물건은 무엇인가요?
  - 인형
- 무엇을 할 때 필요한 물건인가요? 어떻게 사용하나요?
  - 인형 놀이를 할 때 필요하다.
  - 잠을 잘 때 안고 잔다.
  - 바깥에 놀러갈 때 가지고 가기도 한다.
- 언제부터 사용하던 물건인가요?
  - 5살 때부터 가지고 놀았다.
  - 부모님과 함께 인형 가게에서 샀다.
- 어떤 점이 좋은가요?
  - 폭신폭신한 느낌이 좋다.
  - 귀엽게 생겨서 좋다.
  - 이 인형으로 재미있는 놀이를 할 수 있어서 좋다.

○ 유아들이 가지고 온 아끼는 물건을 교실의 한곳에 전시한다.

- 친구들이 가져온 물건을 일주일 동안 교실에 전시해 둘 거예요.
- 친구들이 가져온 물건을 가지고 놀고 싶은 사람은 친구에게 허락을 받고 놀 수

있어요.

■ 친구들이 아끼는 물건이기 때문에 소중히 다루어야 해요.

관련활동

■ 이야기나누기 '우리가 아껴 쓸 수 있는 것들' (16쪽 참고)

■ 이야기나누기 '잃어버린 물건 찾기' (20쪽 참고)

활동 3

잃어버린 물건 찾기

집단형태

대집단활동

활동유형

이야기나누기

활동자료

벽면 게시 그림, 바구니

잃어버린 물건 바구니

활동목표

- 소지품을 잘 간수하는 습관을 기른다.
- 잃어버린 물건을 되찾으려는 태도를 기른다.

활동방법

○ 물건을 잃어버렸던 경험을 이야기 나눈다.

- 물건을 잃어버린 적이 있었나요? 기분이 어땠나요?
  - 평소에 잘 가지고 노는 장난감을 잃어버려 속상했다.
  - ○○한테 받은 선물을 잃어버려 슬펐다.
  - ○○○할 때 필요한 물건인데 잃어버려 아쉬웠다.
- 물건을 잃어버리면 어떻게 해야 할까요?
  - 잃어버린 물건을 다시 찾아본다.
  - 새로 산다.
- 물건을 잃어버렸다고 바로 새 것을 사면 어떨까요?
  - 아깝다.
- 새 물건을 사기 전에 어떻게 해야 할까요?
  - 다시 찾아본다.
- 어떻게 하면 물건을 다시 찾을 수 있을까요?
  - 잃어버린 곳이 어디인지 곰곰이 생각해 본다.
  - 친구들에게 그 물건을 본 적 있는지 물어본다.

○ 잃어버린 물건을 담는 바구니에 대해 이야기를 나눈다.

- (잃어버린 물건 담는 바구니를 보여주며) ○○○반에서 잃어버린 물건을 찾을 수 있는 방법이 또 있어요.
  - 잃어버린 물건 담는 바구니를 살펴본다.
- 만약 누구의 것인지 모르는 물건을 발견하면 어떻게 해야 하나요?
  - 잃어버린 물건 담는 바구니에 넣는다.
- 바구니에 있는 물건이 누구의 것인지 안다면 어떻게 해야 하나요?
  - 그 친구에게 알려준다.

○ 바구니에 담긴 물건의 주인을 찾아본다. TIP

TIP 교사는 정기적으로 잃어버린 물건 담는 바구니를 점검하여 유아들이 물건을 찾아갈 수 있게 하고 자신의 소지품을 잘 간수하는 습관을 갖도록 한다.

■ (바구니에 담긴 물건을 꺼내며) 이것은 누구의 것인가요? 누구의 것인지 알고 있는 사람 있나요?

○ 유치원에서 물건을 잃어버렸을 경우 잃어버린 물건을 담는 바구니에 자신이 잃어버린 물건이 있는지 찾아볼 것을 약속한다.

관련활동

■ 이야기나누기 '아끼는 물건 소개하기' (18쪽 참고)

활동 4

장난감 소중하게 다루기

집단형태

대집단활동

활동유형

동화 · 이야기나누기

활동자료

반입체 동화자료, 망가진 장난감을 담아 놓는 바구니 TIP

TIP 학기 초에 망가진 장난감을 담아 놓는 바구니를 교실에 놓아두고 사용방법을 안내한 후 유아들이 사용하도록 지도한다.

활동목표

- 장난감을 오래 사용할 수 있는 방법을 안다.
- 자신의 물건을 소중히 다루는 태도를 기른다.

활동방법

○ '영희와 장난감' 반입체 동화를 들려준다.

- 영희라는 어린이가 장난감을 가지고 놀다가 생긴 일에 대한 동화를 들려줄게요.

○ 동화의 내용을 회상한다.

- 장난감 바둑이는 왜 발을 절뚝거렸나요?
  - 영희가 장난감 바둑이를 가지고 놀다가 바닥에 던졌기 때문이다.
- 아기 인형은 얼굴에 왜 상처가 생겼나요?
  - 영희가 인형을 가지고 놀고 난 다음 방바닥에 인형을 던졌기 때문이다.
- 장난감들의 마음이 어땠을까요?
  - 속상하다.
  - 슬프다.

○ 유아들과 장난감이 망가졌던 경험을 이야기 나눈다.

- ○○○반 어린이들도 가지고 놀던 장난감이 망가진 적 있나요?
  - 장난감 자동차의 바퀴가 빠졌다.
  - 장난감 목걸이가 끊어졌다.
  - 블록이 부서졌다.
- 장난감이 왜 망가졌었나요?
  - 자동차를 너무 세게 굴려서 벽에 부딪혔다.
  - 목걸이를 세게 잡아당겼다.
  - 블록을 정리하지 않아서 지나가다가 발로 밟았다.
- 망가진 장난감을 어떻게 했나요?
  - 고쳐서 다시 썼다.
  - 고칠 수 없을 정도로 망가져서 버렸다.

○ 장난감을 아껴 쓰는 방법에 대해 이야기 나눈다.

- 어떻게 하면 장난감을 망가뜨리지 않고 오래 사용할 수 있을까요?

- 장난감을 던지거나 깨지지 않게 소중히 다룬다.
- 장난감을 가지고 놀이한 다음에는 제자리에 정리를 한다.

○ 교실에 있는 고장 나거나 망가진 장난감을 찾아보고 고치는 방법에 대해 이야기 나눈다.

■ ○○○반에서 가지고 놀다가 망가진 장난감이 있나요?

■ 어떻게 고칠 수 있을까요?

- 부러진 부분을 본드로 붙인다.
- 찢어진 부분을 실과 바늘로 꿰맨다.

○ 유아들과 이야기 나눈 방법으로 장난감을 고친다.

○ 고친 장난감을 가지고 놀이한 후 느낌을 이야기 나눈다.

■ 장난감을 고쳐서 다시 쓰니 어떤 생각이 들었나요?

- 좋아하는 장난감을 버리지 않고 계속 쓸 수 있어서 기분이 좋았다.
- 장난감을 소중히 다루어야겠다는 생각을 했다.

■ 앞으로 장난감이 망가지지 않도록 소중하게 사용하기로 합시다.

관련활동

■ 음악감상 '장난감 교향곡' (26쪽 참고)

동화

영희와 장난감

1.

어느 날 영희 아빠가 회사에서 돌아오시면서 영희를 부르셨어요.

아　빠　영희야.
영　희　아빠, 안녕히 다녀오셨어요?

아빠는 싱글벙글 웃으시면서 손에 들고 오신 선물을 영희에게 주셨습니다.

영　희　아빠, 이게 뭐예요?

영희는 방에 들어오자마자 아빠가 주신 선물을 얼른 펼쳐 보았어요.

2.

영　희　야, 기차다!

영희는 기뻐서 소리쳤습니다. 영희는 장난감 기차를 전부터 갖고 싶었습니다. 아빠가 사주신 기차는 초록색에 굴뚝이 달린 아주 예쁜 장난감 기차였습니다.

영　　희　칙칙 폭폭 삑 …… 다음은 부산입니다. 여러분 안녕히 가십시오. 칙칙 폭폭

영희는 장난감 기차에 바둑이와 아기 인형을 태우고 재미있게 놀았습니다.

3.

한참 놀던 영희는 졸려서 장난감들을 방바닥에 흩어 놓은 채 잠이 들었습니다. 영희가 쌕쌕 잠이 든 밤중입니다. 방바닥에 넘어져 누워 있던 바둑이가 부스스 일어났습니다. 가만히 주위를 살펴보니 저쪽 벽에 아기 인형이 기대어 앉아 있었습니다.

4.

아기 인형은 바둑이를 보더니 손을 흔듭니다.

아기인형　바둑아, 이리 와!

그러자 바둑이가 걸어갑니다. 왜 그런지 바둑이는 다리를 절뚝거립니다.

아기인형　얘! 바둑아! 너 왜 다리를 절뚝거리니?
바 둑 이　다리가 아파서 그래. 며칠 전 영희가 나를 가지고 놀다가 밖에서 친구가 부르니까 나를 마룻바닥에 집어던지고 나갔어.
아기인형　아이, 가엾어라. 그런데 내 얼굴 좀 봐. 영희가 나를 가지고 논 뒤에 방바닥에 던져서 예쁘던 내 코도 납작해지고 상처가 많이 생겼어. 난 너무 속이 상해서 울고 싶어.
바 둑 이　정말 영희는 왜 이렇게 우리를 못살게 굴까?

바둑이가 '휴……' 하고 한숨을 내쉽니다.

5.

바로 그때 옆에서 "얘들아." 하고 부르는 소리가 들렸습니다. 그것은 아빠가 오늘 사오신 장난감 기차였습니다.

기　　차　지금 너희들의 이야기를 들으니 영희는 장난감을 사랑하지 않는 어린이 같구나. 난 내 몸에도 상처가 날까봐 무서워. 여기서 몰래 달아나야겠어.
아기인형　나도 좀 데려가 줘.
바 둑 이　나도 데려가 줘. 멍멍.

아기 인형과 바둑이는 기차에게 같이 데려가 달라고 부탁했습니다.

6.

기　　차　응. 그럼 어서들 올라타라.

아기 인형과 바둑이는 얼른 기차에 올라탔습니다.

기　차 자! 지금부터 우리는 장난감을 사랑하고 소중히 다루는 어린이 집으로 가자.

장난감 기차는 삑 …… 덜커덩 소리를 내며 천천히 움직이기 시작했습니다. "칙칙폭폭 ……" 기차는 떠나갑니다.

7.

영　희 아니! 얘들아. 너희들 어디 가니?

영희가 큰 소리로 불렀습니다. 그래도 기차는 대답 없이 가기만 합니다. "칙칙폭폭……."

영　희 얘들아, 가지 마. 이제부터 너희들을 사랑하고 아낄테니 달아나지 마.

8.

영　희 엄마! 내 장난감! 장난감이 모두 달아났어요. 엉엉 …….

영희는 이불에 앉아서 큰 소리로 울었습니다. 그래도 장난감은 돌아오지 않았습니다.

엄　마 영희야. 울지 말고 그만 일어나렴.

9.

엄　마 영희야! 유치원에 갈 시간이 다 되었어. 자 어서 일어나.

엄마가 부르시는 소리에 영희는 깜짝 놀라 눈을 떴습니다.

영　희 엄마! 제 장난감들은 어디 있어요?

10.

영희가 일어나 보니 장난감 기차, 아기 인형, 바둑이가 모두 방 안에 있었습니다. 영희는 너무 좋아서 장난감들을 꼭 끌어안았습니다.

활동 5

장난감 교향곡

집단형태

대집단활동

활동유형

음악감상

활동자료

레오폴트 모차르트의 '장난감 교향곡' 음악 CD 또는 카세트테이프, CD 플레이어 또는 카세트 플레이어, 사진 자료(레오폴트 모차르트), 연주 동영상 자료

활동목표

- 가게의 종류와 가게에서 파는 물건에 대해 안다.
- 음악을 듣고 어울리는 장면을 상상한다.
- 음악을 즐겁게 감상하는 태도를 기른다.

활동방법

○ 장난감에 대한 유아들의 경험을 이야기 나눈다.

- ○○○반 어린이들이 제일 좋아하는 장난감은 무엇인가요?
  - 인형이 제일 좋다.
  - 장난감 기차가 제일 좋다.
- 어떻게 ○○○을 가지게 되었나요?
  - 부모님이 사 주셨다.
  - 언니가 쓰던 장난감을 물려받았다.
  - 할아버지께서 선물해 주셨다.
- 왜 ○○○을 제일 좋아하나요?
  - 인형을 만지면 부드럽고 폭신폭신해서 기분이 좋다.
  - 장난감 기차를 기찻길 위에서 움직이면서 놀면 재미있다.
- 장난감이 망가진 적이 있나요? 어떤 장난감이 어떻게 망가졌나요?
  - 장난감 기차의 문이 떨어졌다.
  - 태엽을 감아 움직이는 인형이 고장 났다.
- 망가진 장난감을 어떻게 했나요?
  - 본드로 붙였다.
  - 장난감 수선소에 가져가서 태엽이 잘 감기게 했다.

○ 음악 감상할 곡을 소개한다.

- '장난감 교향곡' 이라는 제목의 음악을 감상할 거예요.
- (레오폴트 모차르트 사진을 보여 주며) 모차르트라는 작곡가의 아버지인 '레오폴트 모차르트' 가 만든 음악이에요.
- 음악에서 어떤 장난감 소리가 들리는지 잘 들어 보세요.

○ 장난감 교향곡 1악장의 앞부분을 들려준다.

○ 음악 감상 후의 느낌을 이야기 나눈다.

- 음악에서 어떤 소리가 들렸나요? 어떤 장난감 소리를 표현한 것 같나요?
- 어떤 장난감들을 나타낸 것 같나요?
  - 새소리가 나는 인형
  - 태엽을 감아서 움직이는 장난감
  - 나무로 만든 병정 인형
- 음악을 들으면서 어떤 모습을 떠올렸나요?
  - 장난감들이 춤을 추고 있는 것 같다.
  - 장난감을 가지고 신나게 놀이하고 있는 것 같다.

○ 음악을 연주한 악기에 대해 이야기한다.

- 어떤 악기로 연주했을까요?
  - 바이올린
  - 첼로
  - 나팔
  - 북
- 바이올린, 첼로와 같이 줄을 켜면서 연주하는 악기들과 나팔, 북, 트라이앵글, 장난감 피리로 연주해요.

○ 레오폴트 모차르트의 '장난감 교향곡' 연주 동영상을 감상한다.

- 이번에는 악기를 연주하는 모습을 보며 음악을 들어 보세요.

관련활동

- 동화 '장난감 소중하게 다루기' (22쪽 참고)

활 동 6

조각종이 모자이크

집단형태

자유선택활동

활동유형

조형 영역

활동자료

다양한 크기의 조각종이, 조각종이 바구니, 가위, 도화지, 풀, 모자이크로 꾸민 작품의 사진(예 : 유아들이 아버지와 함께 만든 공룡, 모자이크 벽화, 태국의 사원 등)

2010년도 이화가족 봄놀이마당에서 아버지와 함께 만든 공룡 모자이크

활동목표

- 모자이크 기법으로 조형 작품을 만든다.
- 종이를 아끼는 습관을 기른다.

활동방법

| 모자이크용 조각종이 손질하기 |

○ 조각종이의 필요성과 사용방법에 대해 이야기한다.

- (조각종이 통을 보여주며) 어떤 종이를 보관하는 통인가요?
  - 조각종이를 보관하는 통
- 조각종이는 무엇인가요?
  - 큰 종이를 사용하고 남은 부분을 다시 쓸 수 있도록 잘라 놓은 종이이다.
- 왜 조각종이를 사용할까요?
  - 작은 그림을 그릴 때 큰 종이를 사용하면 종이가 아깝다.
  - 필요한 종이 크기에 맞는 조각종이를 사용하면 종이를 절약할 수 있다.
- 조각종이는 무엇을 만들 때 사용하나요?
  - 작은 그림을 그릴 때 사용한다.
  - 완성된 작품에 이름을 써 붙일 때 사용한다.
  - 폐품을 꾸밀 때 사용한다.

○ 모자이크를 만드는 방법을 이야기한다.

- (모자이크로 꾸민 작품의 사진을 보여주며) 여러 가지 재료를 붙여서 무늬나 그림을 만드는 것을 '모자이크'라고 해요.
- 모자이크를 해본 적 있나요?
  - 이화가족 봄놀이마당에서 아버지와 함께 공룡 모자이크를 해보았다.
- ○○○반 친구들과 함께 조각종이로 모자이크를 해볼 거예요.
- ○○○반에 있는 조각종이를 작게 자르고 색깔별로 모아 사용할 거예요.

○ 여러 가지 색깔, 재질의 조각종이를 작게 잘라 조각종이 통에 담는다.

| 조각종이로 모자이크하기 |

○ 모자이크 작품을 함께 만들 짝을 정한다.

- 2~3명이 짝이 되어 도화지에 그림을 그리고 조각종이를 붙여 꾸며 보세요.

○ 그림을 그린다. TIP

- 그리고 싶은 것을 정해 보세요.
- 연필이나 사인펜으로 밑그림을 그려 보세요.

○ 조각종이를 붙여 완성한다.

- 이제 조각종이를 붙일 거예요.
- 그림의 어떤 부분을 어떤 색깔 조각종이로 붙일지 정하세요.
- 역할을 나누어 조각종이를 붙이세요.

관련활동

- 노래 '작은 조각종이' (30쪽 참고)
- 이야기나누기 '우리가 아껴 쓸 수 있는 것들' (16쪽 참고)

TIP 조각종이를 여러 개 붙여 그림을 채울 수 있을 만큼 크게 밑그림을 그려야 하므로 큰 종이를 준비한다. 유아들에게도 그림을 작게 그리면 조각종이를 붙이기가 어려움을 알려 주어 크게 그리게 한다.

조각종이로 모자이크하기

활동 7

작은 조각종이

집단형태

대집단활동

활동유형

노래

활동자료

조각종이를 담아 놓는 통

활동목표

- 종이를 아껴 써야 하는 이유를 안다.
- 종이를 아껴 쓰는 방법을 알고 실천한다.

활동방법

○ 조형 영역의 종이장 앞에 모여 앉는다.

- (폐품 종이 상자를 보여주며) 이 상자에 종이를 오려 붙여 꾸미려고 해요. 어떤 종이를 사용해야 할까요?
  - 색종이
  - 조각종이
- 누가 나와서 오려 붙일 종이를 꺼내어 보여 주겠나요?
- 왜 작은 종이를 사용하나요?
  - 상자가 작아서 종이가 조금만 필요하기 때문이다.
  - 큰 도화지는 오리고 난 뒤 남은 부분이 많아 종이가 아깝다.

○ 종이를 아껴 쓰는 이유와 필요성에 대해 이야기 나눈다.

- 왜 종이를 아껴 써야 할까요?
  - 새 종이를 만들려면 나무가 많이 필요하기 때문이다.
  - 종이를 낭비하면 쓰레기가 많아지기 때문이다.

○ 교사가 '작은 조각종이' 노래를 부른다.

- 개미 한 마리를 그리려면 어떤 종이에 그려야 할까요?
- 노래에서는 어떤 종이에 그려야 한다고 했는지 들어 보세요.

○ 교사가 다시 한 번 노래를 부른다.

○ 교사와 유아가 노랫말을 나누어 부른다.

○ 다함께 노래를 부른다.

관련활동

- 조형 영역 '조각종이 모자이크' (28쪽 참고)
- 이야기나누기 '우리가 아껴쓸 수 있는 것들' (16쪽 참고)
- 신체(게임) '물건 아껴 쓰기' (32쪽 참고)

악 보

작은 조각종이

작사 · 곡 김진영

활 동 8

물건 아껴 쓰기

집단형태

대집단활동

활동유형

신체(게임)

활동자료

출발 표시, 그림 주사위(주사위의 6면 중 아껴 쓰는 그림 3면, 낭비하는 그림 3면), 징검다리로 사용할 판이나 블록 10개, 신호악기, 평가 자료(개별 평가용 블록 20개, 전체 평가용 큰 블록 3개)

그림 주사위

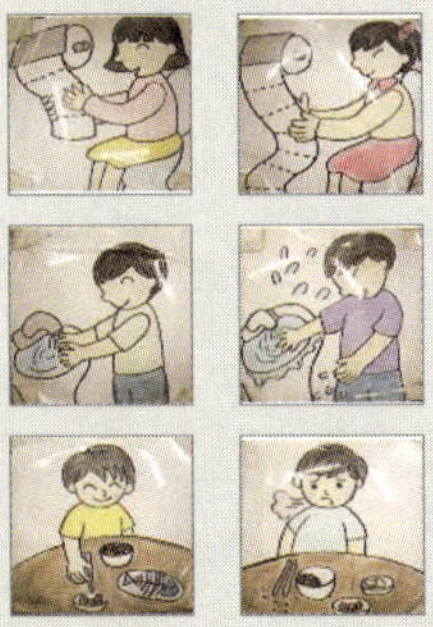

주사위 각 면 그림

활동대형

편대형

게임 대형

활동목표

- 자원을 절약하기 위한 여러 가지 방법이 있음을 안다.
- 자원을 절약하는 태도를 기른다.
- 게임 방법을 알고 규칙을 지키며 게임을 한다.

활동방법

○ 게임에 사용할 큰 주사위를 보며 이야기 나눈다.
- (주사위를 보여주며) 이 주사위에는 물건을 낭비하는 그림 3장과 아껴 쓰는 그림 3장이 있어요.
- 물건을 낭비하는 어린이는 누구인가요?
  - 휴지를 많이 쓰는 어린이
  - 도시락 밥과 반찬을 남긴 어린이
  - 물을 틀어 놓은 채로 손에 비누칠을 하는 어린이
- 아껴 쓰는 어린이는 누구인가요?
  - 휴지를 알맞게 쓰는 어린이
  - 도시락 밥과 반찬을 다 먹은 어린이
  - 수도꼭지를 잠그고 손에 비누칠을 하는 어린이

○ 게임 방법을 이야기한다.
- 주사위를 굴려서 나온 그림을 보고 게임을 할 거예요.
- 양편에서 두 사람씩 나와서 주사위를 던질 사람과 말이 될 사람을 정해요.
- 어느 편이 먼저 주사위를 던질지 가위바위보로 정해요.
- 주사위를 던져서 물건을 아껴 쓰는 그림이 나오면 두 발을 모아 앞에 있는 판으로 건너가요. 낭비하는 그림이 나오면 제자리에 서 있어요.
- 먼저 징검다리를 건너는 편이 이기는 거예요.

○ 유아 2명이 시범을 보인다.

○ 평가 방법을 이야기한다.
- 징검다리를 먼저 건넌 사람이 속한 편에게 블록 한 개를 줄 거예요.
- 게임을 마친 후 블록의 개수가 많은 편이 이기는 거예요.

○ 게임을 한다.

○ 게임을 평가한다.

- 어느 편의 블록이 더 많나요?

○ 2차 게임을 하고 평가한다.

○ 게임 태도에 대해 평가한다.

○ 유아들과 함께 게임 자료를 정리한다.

관련활동

- 이야기나누기 '우리가 아껴 쓸 수 있는 것들' (16쪽 참고)
- 노래 '작은 조각종이' (28쪽 참고)

게임하기

활 동

9 돈 아껴 쓰기

집단형태

대집단활동

활동유형

수학 · 이야기나누기

활동자료

동전 실물(10원, 100원, 500원), 동전 그림(100원, 500원), 500원으로 살 수 있는 여러 가지 물건 사진(예: 과자, 색종이, 요구르트, 연필, 지우개, 딱풀 등), 게시판

활동목표

- 돈의 필요성과 가치에 대해 안다.
- 돈을 아껴 써야 하는 이유를 안다.
- 생활 속에서 익숙한 큰 수를 센다.

활동방법

○ 물건을 사 본 경험에 대해 이야기 나눈다.

- 물건을 사 본 적이 있나요? 누구와 함께 사 보았나요? 어떤 가게에서 무엇을 샀나요?
  - 유아들이 물건을 사 본 경험이나 물건을 사는 것을 본 경험을 자유롭게 이야기할 수 있도록 지도한다.
- 물건을 사려면 무엇이 필요한가요?
  - 돈이 필요하다.
- 부모님이 물건을 살 때 돈을 내는 모습을 보았나요? 어떤 돈을 보았나요?
  - 동전 : 100원짜리 동전, 500원짜리 동전 등
  - 지폐 : 1000원짜리 지폐, 5000원짜리 지폐, 10000원짜리 지폐, 50000원짜리 지폐 등

○ 500원으로 살 수 있는 물건에 대해 알아보며 돈의 가치에 대해 알게 한다.

- (500원짜리 동전 그림을 보여주며) 이 동전에 얼마라고 쓰여 있나요?
  - 500원
- 이 돈은 500원짜리 동전이에요.
- (100원짜리 동전 그림을 보여주며) 이 동전에 얼마라고 쓰여 있나요?
  - 100원
- 이 돈은 100원짜리 동전이에요.
- 100원짜리 동전 몇 개를 모으면 500원이 되나요?
  - 5개
- 500원으로 여러 가지 물건을 살 수 있어요. 어떤 물건을 살 수 있는지 알아봅시다.
  - 딱풀 2개

- 연필 2~3자루
- 요구르트 1개
- 색종이 1봉지
- 지우개 1~2개
- 과자 1봉지

○ 돈을 아껴 써야 하는 이유에 대해 이야기한다.

- 500원으로 우리에게 필요한 물건을 살 수 있어요.
- 돈은 어디에서 나나요?
  - 부모님이 벌어 오신 돈을 용돈으로 주신다.
- 부모님은 돈을 어떻게 버시나요?
  - 일을 하시고 돈을 받으신다.
- 부모님께서 하루 종일 일해서 버시는 돈을 어떻게 써야 하나요?
  - 아껴서 써야 한다. 낭비하면 안 된다.
- 100원이나 500원은 작은 돈이 아니라 부모님의 노력이 담겨 있는 소중한 돈이에요.
- 만약 우리가 알아본 물건들을 다 사려면 돈이 얼마나 필요할까요?
  - 500원짜리 동전이 ○개가 필요하다.
  - 500원이 ○개가 모여 ○원이 된다.
  - 돈이 많이 필요하다.
- 갖고 싶은 물건을 다 사면 돈을 많이 쓰게 되요.
- 돈을 많이 쓰면 어떤 일이 일어날까요?
  - 나중에 필요한 물건을 사지 못한다.
  - 저금을 하지 못한다.
- 돈을 아껴 쓰려면 어떻게 해야 할까요?
  - 돈은 부모님이 노력해서 버신 소중한 것임을 생각한다.
  - 꼭 필요한 물건만 산다.
  - 갖고 있는 물건 중에 같은 물건이나 대신 사용할 물건이 있는지 찾아본다.

관련활동

- 사회 '저금하기' (36쪽 참조)

500원으로 살 수 있는 물건 알아보기

활 동
10 저금하기

집단형태
대집단활동

활동유형
사회

활동자료
저금통

활동목표

- 저금의 필요성에 대해 안다.
- 저금하는 습관을 기른다.

활동방법

○ 어른들께 돈을 받아 본 경험에 대해 이야기 나눈다.

- 어른들께서 돈을 주신 적 있나요?
- 언제 주셨나요?
  - 심부름을 잘했다고 용돈을 주셨다.
  - 집안일을 도와드려서 용돈을 주셨다.
  - 설날 세배를 드렸더니 세뱃돈을 주셨다.
  - 오랜만에 뵌 친척 어른께서 용돈을 주셨다.
- 어른들께서 주신 돈으로 무엇을 했나요?
  - 엄마에게 맡겼다.
  - 사고 싶은 장난감을 샀다.
  - 불우이웃을 위한 모금 운동을 할 때 냈다.
  - 쓰지 않고 저금통에 모아두었다.

○ 저금에 대해 이야기 나눈다.

- '저금' 이라는 말을 들어본 적이 있나요?
- '저금' 이란 무슨 뜻인가요?
  - 돈을 모아 두는 것
- 저금은 왜 할까요?
  - 돈을 낭비하지 않기 위해서 저금을 한다.
  - 은행에 저금을 하면 돈이 더 많아진다.
  - 나중에 꼭 필요한 물건을 사기 위해서 저금을 한다. 돈을 꾸준히 차곡차곡 모은다.
  - 우리보다 힘든 이웃을 도와주기 위해 저금을 한다.

○ 저금하는 방법을 이야기하며 저금하는 습관을 기르기로 다짐한다.

- ○○○반 어린이들도 저금을 해본 적이 있나요?

- 어디에 저금을 했나요?
  - 저금통에 모았다.
  - 통장을 만들어 은행에 맡겼다.
- 어른들께서 주신 돈을 한 번에 다 쓰지 않고 저금통에 넣으면 돈을 조금씩 모을 수 있어요.

○ 앞으로 어른들께 돈을 받을 때마다 저금통에 넣어 저금을 하기로 약속한다.

확장활동

- 우유갑이나 종이상자와 같은 폐품으로 저금통을 만들어 본다.

유아들이 만든 저금통

관련활동

- 수학 '돈 아껴쓰기' (34쪽 참조)

저금통 소개하기

2. 나눠 쓰기 · 바꿔 쓰기

우리가 나누어 쓸 수 있는 것들 / 벼룩시장에서 팔 물건 가져오기
/ 벼룩시장 포스터 만들기 / 벼룩시장 / 벼룩시장 놀이
/ 어느 가게에서 샀을까요? / 밀가루 점토 만들기

활동 1

우리가 나누어 쓸 수 있는 것들

집단형태

대집단활동

활동유형

이야기나누기

활동자료

유아들이 나누어 쓸 수 있는 물건(예: 점토, 장난감 자동차, 치약, 작업복 등)

활동목표

- 물건을 나누어 사용해야 하는 이유를 안다.
- 물건을 나누어 사용하는 방법을 알고 실천한다.

활동방법

○ 다른 사람에게 물건을 나누어 줬던 경험과 나누어 사용하는 이유에 대해 이야기 나눈다.

- 내 물건을 다른 사람들에게 나누어 줬던 적이 있나요? 무엇을 나누어 줬나요?
- 물건을 나누어 주고 어떤 마음이 들었나요?
    - 착한 일을 해서 기분이 좋았다.
    - 친구들이 좋아하는 모습을 보고 기분이 좋았다.
- 물건을 나누어 주면 여러 사람이 함께 물건을 쓸 수 있어요. 물건을 더 사지 않아도 돼서 절약을 할 수 있지요.

○ 교실에서 물건을 나누어 쓰는 방법에 대하여 이야기한다.

- 우리 반에서 나누어 쓸 수 있는 물건은 무엇이 있을까요?
    - 점토, 장난감 자동차, 치약, 작업복 등
- 점토를 어떻게 나누어 쓸 수 있을까요?
    - 큰 덩어리를 친구 수대로 나누어 쓴다.
- 자동차를 어떻게 나누어 쓸 수 있을까요?
    - 자동차를 많이 갖고 있으면 그중 하나를 친구에게 양보한다.
    - 순서를 정해서 번갈아 가며 쓴다.
- 치약을 어떻게 나누어 쓸 수 있을까요?
    - 내가 필요한 만큼(손톱 크기 만큼)만 짜서 쓴다.
- 작업복을 어떻게 나누어 쓸 수 있을까요?
    - 작업복을 벗은 후 잘 개어서 바구니에 넣어 다음 사람이 입을 수 있게 한다.
- 하루 동안 친구들과 물건을 나누어 써 보고, 집에 가기 전에 어떤 물건을 나누어 썼는지 이야기 나누어 봅시다.

○ 집에 가기 전 하루 동안 물건을 나누어 쓴 경험에 대해 이야기 나눈다.

○ 물건 나누어 쓰기에 유아들이 관심을 갖고, 일상에서 실천할 수 있도록 지속적으로 지도한다.

활동 2 벼룩시장에서 팔 물건 가져오기

집단형태
대집단활동

활동유형
이야기나누기

활동자료
유아들이 가지고 온 벼룩시장 물건

활동목표

- 벼룩시장의 의미와 목적을 안다.
- 벼룩시장에서 팔 수 있는 물건에 대해 안다.

활동방법

○ '벼룩시장' 의 의미를 소개한다. TIP

- '벼룩시장' 이란 말을 들어 본 적 있나요? '벼룩시장' 이란 어떤 뜻일까요?
    - 쓰던 물건들을 싸게 파는 시장
- 사람들은 왜 벼룩시장을 열까요?
    - 나에게는 더 이상 필요 없는 물건을 버리지 않고 필요로 하는 다른 사람에게 싸게 파는 것이다.
    - 사용한 물건을 사는 것은 새 물건을 사는 것보다 돈이 적게 드므로 돈을 아낄 수 있다.

○ 유치원에서의 벼룩시장 일정을 소개한다.

- 우리 유치원에서도 이번 주 ○요일에 벼룩시장이 열릴 거예요.
- 벼룩시장에서 팔고 싶은 물건들을 집에서 하나씩 가져오기로 해요. 집에서 가져온 물건을 필요한 친구들에게 팔 거예요. 그리고 친구들이 가져온 물건 중에서 필요한 물건을 살 거예요.
- 벼룩시장에서 어떤 물건을 파는 것이 좋을까요?
    - 이미 사용한 것이지만 더럽지 않고 다른 사람이 기분 좋게 쓸 수 있을 정도로 깨끗한 물건
    - 고장 나지 않은 물건
- 벼룩시장에 팔 물건은 집에서 깨끗하게 씻거나 손질한 후에 가져와야 해요.
- 집에서 벼룩시장에 팔 수 있는 물건을 골라 손질해서 유치원으로 가져오세요.

○ 유아들이 가져온 물건을 친구들에게 소개한다.

- 어떤 물건을 가지고 왔나요?
    - 인형
- 언제, 어떻게 사용하는 물건인가요?
    - 인형 놀이를 할 때 가지고 논다.

TIP 벼룩시장 관련 활동을 실시하기 전 가정에 벼룩시장에서 판매할 물건을 가져오도록 하는 가정통신문을 보낸다.

• 잠 잘 때 안고 잔다.

■ 몇 살 때 사용했던 것인가요?

• ○살 때부터 가지고 놀았다.

■ 왜 인형을 가져왔나요?

• 예전에는 자주 가지고 놀았지만 지금은 다른 인형이 많이 생겨서 잘 가지고 놀지 않는다.

• 친구들도 이 인형을 가지고 재미있게 놀 수 있을 것 같아서 가져왔다.

○ 유아들이 가져온 물건을 바구니에 모은다.

벼룩시장에 팔 물건 소개하기

관련활동

■ 언어 영역 '벼룩시장 포스터 만들기' (43쪽 참고)

■ 이야기나누기 '벼룩시장' (44쪽 참고)

■ 역할 놀이 영역 '벼룩시장 놀이' (46쪽 참고)

■ 동화 '물려받고 물려주기' (66쪽 참고)

활동 3 벼룩시장 포스터 만들기

집단형태

자유선택활동

활동유형

언어 영역 · 조형 영역

활동자료

색지, 크레파스, 매직펜, 가위, 풀

활동목표

- 친숙한 글자를 읽고 쓰는 방법을 익힌다.
- 벼룩시장 포스터의 기능을 알고 제작과정에 참여한다.

활동방법

○ 벼룩시장 포스터 만들기를 소개한다.

- 벼룩시장에 어떤 가게들을 만들기로 했나요?
  - 인형 가게, 서점, 문구점, 장난감 가게
- 사람들에게 벼룩시장을 할 것임을 알리고 어떤 가게에서 어떤 물건을 파는지 알리기 위해 포스터를 만들 거예요.

○ 포스터 내용에 대해 이야기한다.

- 포스터에 어떤 것을 그리거나 적어야 할까요?
  - 가게 이름을 적고 파는 물건들을 그린다.
  - 가게에서 파는 물건의 이름을 적는다. 물건 그림을 그리거나 사진을 오려 붙인다.
  - 물건의 가격을 적는다.
- 방안놀이 시간에 가게별로 모여서 포스터를 만들기로 해요.

○ 가게별로 포스터를 만든다.

- 제목은 뭐라고 쓰면 좋을까요?
  - ○○○인형 가게
- 누가 가게에서 팔 물건 글자를 써 줄까요? 누가 그림을 그릴까요?
  - 역할을 나누어 글자를 쓰고 색칠하여 꾸민다.

○ 완성된 포스터를 게시한다.

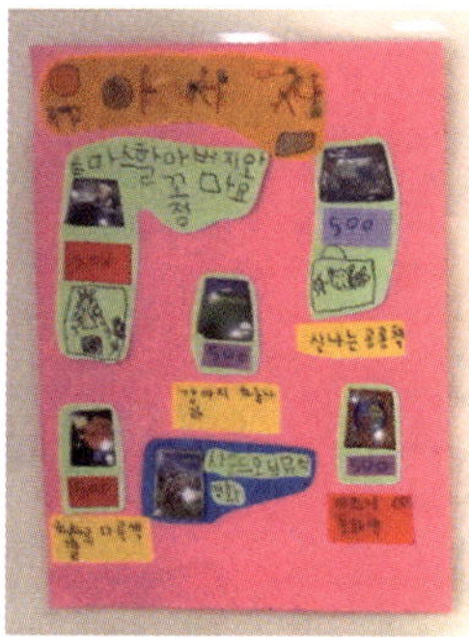

유아들이 완성한 벼룩시장 포스터

관련활동

- 이야기나누기 '벼룩시장에서 팔 물건 가져오기' (41쪽 참고)
- 이야기나누기 '벼룩시장' (44쪽 참고)
- 역할 놀이 영역 '벼룩시장 놀이' (46쪽 참고)

활동 4 벼룩시장

집단형태

대집단활동

활동유형

이야기나누기

활동자료

유아들이 가져온 벼룩시장 물건(유아 수만큼), 벼룩시장 포스터, 유아들이 만든 500원짜리 동전(유아 수만큼)

벼룩시장 가게 만들기

활동목표

- 벼룩시장의 의미를 안다.
- 물건을 사고파는 방법을 안다.
- 판매자와 구매자의 역할을 알맞게 수행한다.

활동방법

○ 벼룩시장을 소개한다.

- 이번 주 금요일에 어린이 벼룩시장이 열려요. 우리 반에 가게를 차리고 옆 반 어린이들에게 물건을 팔 거예요. 우리 반은 옆 반에 가서 물건을 사기로 해요.

○ 벼룩시장에서 사용할 물건을 분류한다.

- 그동안 ○○○반 어린이들이 벼룩시장에 팔 물건으로 무엇을 가져왔나요?
  - 인형, 장난감 자동차, 색연필, 그림책, 가방 등
- 벼룩시장에서 사는 사람들이 물건을 찾기 쉽도록 비슷한 물건끼리 모아서 팔 거예요. 우리가 가져온 물건을 어떻게 나눌 수 있을까요?
  - 인형끼리, 책끼리, 학용품끼리, 장난감끼리 나눈다.
- 유아들과 함께 바구니에 종류별로 물건을 담는다.

○ 가게를 만든다.

- (종류별로 나누어 놓은 물건을 보며) 어떤 가게들을 만들까요?
  - 인형 가게, 서점, 문구점, 장난감 가게
- 어떤 가게에서 물건을 팔고 싶나요?
  - 가게별로 유아들의 수가 골고루 배치되도록 역할을 정한다.

    예) 인형 가게 6명, 서점 5명, 문구점 6명, 장난감 가게 7명
- 어느 곳에 가게를 만들까요?
  - 쌓기 놀이 영역에 만든다.
- 가게를 어떻게 만들까요?
  - 책상 위에 물건을 진열한다.
  - 포스터, 간판을 붙인다.

○ 벼룩시장에서 물건을 사고파는 방법에 대해 알아본다.

- 벼룩시장에서 물건을 팔 때는 어떻게 해야 할까요?

• 손님이 오면 인사를 한다.

• 손님이 원하는 물건을 고르면 500원을 받고 물건을 준다. TIP

• 감사 인사를 한다.

■ 벼룩시장에서 물건을 살 때는 어떻게 해야 할까요?

• 어떤 가게들과 물건들이 있는지 둘러본다.

• 사고 싶은 물건이 있는 가게에 가서 500원을 내고 물건을 산다. TIP

• 감사 인사를 한다.

○ 벼룩시장에서 물건을 사고판다. 옆 반 어린이들에게 물건을 판 후 역할을 바꾸어 옆 반으로 가서 물건을 산다.

○ 벼룩시장에서 물건을 팔고 산 소감을 이야기 나눈다.

■ 벼룩시장에서 어떤 물건을 샀나요? 어느 가게에서 샀나요?

■ 벼룩시장에서 산 물건으로 무엇을 할 것인가요?

■ 벼룩시장에서 어떤 물건을 팔았나요?

관련활동

■ 이야기나누기 '벼룩시장에서 팔 물건 가져오기' (41쪽 참고)

■ 언어 영역 '벼룩시장 포스터 만들기' (43쪽 참고)

■ 역할 놀이 영역 '벼룩시장 놀이' (46쪽 참고)

■ 수학 · 조작 영역 '어느 가게에서 샀을까요?' (48쪽 참고)

TIP 500원짜리 동전은 이면지를 활용하여 만든다. 500원 동전의 무늬를 색연필로 베껴 내서 만든다.

벼룩시장에서 물건 사고팔기

활동 5

벼룩시장 놀이

집단형태

자유선택활동

활동유형

역할 놀이 영역

활동자료

벼룩시장 물건(예 : 인형, 가방, 문구류, 책, 장난감 등), 가게 진열대, 간판, 포스터, 장바구니, 수레, 유아들이 만든 동전, 계산대 등

'벼룩시장' 놀이 환경 구성

인형 가게

장난감 가게

유아들이 만든 동전

활동목표

- 벼룩시장 놀이에 필요한 것을 안다.
- 물건을 사고파는 방법을 안다.
- 판매자와 구매자의 역할을 알맞게 수행한다.

활동방법

○ 어린이 벼룩시장 경험을 회상한다.

- 어린이 벼룩시장에 어떤 가게들이 있었나요?
    - 서점, 문구점, 인형 가게, 장난감 가게 등
- 어떤 가게에서 무엇을 샀나요?
    - 장난감 가게에서 소방차 장난감을 샀다.
    - 문구점에서 색연필을 샀다.
    - 서점에서 소리가 나는 그림책을 샀다.
    - 인형 가게에서 아기 돌고래 인형을 샀다.
- 벼룩시장에서 물건을 사고파니 기분이 어땠나요?
    - 좋아하는 장난감을 사서 기뻤다.
    - 친구에게 필요한 물건을 팔아서 뿌듯했다.
    - 우리가 만든 동전으로 물건을 사고파는 것이 재미있었다.
    - 벼룩시장에서 산 물건을 집으로 가져가 놀 수 있어서 기분이 좋았다.

○ 벼룩시장에서 사고팔 물건을 준비한다.

- 우리가 벼룩시장을 열었던 것처럼 벼룩시장 놀이를 할 거예요.
- 벼룩시장 놀이를 하려면 사고팔 물건이 필요해요. 물건을 어떻게 준비할까요?
    - 교실에 있는 물건을 사용한다.
    - 집에 있는 장난감을 유치원에 가져와서 놀이에 사용한다.
- 유치원에 있는 장난감들을 모아 봅시다.

○ 역할 놀이 영역에 벼룩시장을 만든다.

- 장난감과 인형들을 많이 모았네요. 어떤 가게를 만들어야 할까요?
    - 장난감 가게, 인형 가게
- 가게별로 진열대에 물건을 전시해 보세요.

■ 간판과 전단지를 붙여 주세요. TIP

■ 계산하는 곳은 어디로 할까요? 계산대에는 무엇이 필요할까요?

  • 계산기, 우리가 만든 동전, 동전 바구니 등이 필요하다.

○ 벼룩시장에서 놀이한다.

관련활동

■ 언어 영역 '벼룩시장 포스터 만들기' (43쪽 참고)

■ 이야기나누기 '벼룩시장에서 팔 물건 가져오기' (41쪽 참고)

■ 이야기나누기 '벼룩시장' (44쪽 참고)

■ 수학 · 조작 영역 '어느 가게에서 샀을까요?' (48쪽 참고)

TIP 간판과 전단지, 포스터 등은 어린이 벼룩시장에서 사용했던 것을 활용한다.

벼룩시장 놀이하기

활동 6 어느 가게에서 샀을까요?

집단형태

자유선택활동

활동유형

수학 · 조작 영역

활동자료

가게 그림판(과일 가게, 문구점, 빵 가게, 옷 가게), 물건을 들고 있는 아이 그림

'어느 가게에서 샀을까요?' 활동 자료

활동목표

- 가게의 종류와 가게에서 파는 물건에 대해 안다.
- 사물 간 유목포함 관계를 이해한다.

활동방법

○ 교구를 살펴보며 게임 방법에 대해 이야기 나눈다.

- 어떤 가게들이 있나요?
  - 과일 가게, 문구점, 빵 가게, 옷 가게
- 과일 가게(문구점, 빵 가게, 옷 가게)에 가 본 적 있나요? 가게에서 무엇을 살 수 있을까요?
- (연필을 들고 있는 어린이 그림을 가리키며) 이 어린이는 무엇을 들고 있나요? 연필을 어디에서 샀을까요?
  - 문구점
- 문구점에 이 어린이를 붙여 보세요.
- 이렇게 각 어린이가 들고 있는 물건을 보고 알맞은 가게에 붙이는 거예요.

○ 물건을 파는 가게와 어린이가 들고 있는 물건이 일치하도록 그림판에 붙인다.

○ 완성된 그림판을 보며 물건을 파는 가게와 어린이가 들고 있는 물건의 종류가 일치하는지 확인한다.

○ 놀이를 마치고 나서 교구를 분류 · 정리한 뒤 교구장에 가져다 놓는다.

관련활동

- 이야기나누기 '벼룩시장' (44쪽 참고)
- 역할 놀이 영역 '벼룩시장 놀이' (46쪽 참고)

활동 7

밀가루 점토 만들기

활동목표

- 놀이에 필요한 것을 직접 만들어 사용한다.
- 밀가루가 반죽으로 변하는 과정을 탐색한다.

활동방법

○ 과학 영역에 준비된 물건들을 살펴본다.

- 밀가루 점토를 직접 만들어서 점토 놀이를 해볼 거예요.
- 무엇이 필요한지 살펴봅시다.
  - 밀가루, 색소를 탄 물, 비커가 필요하다.

○ 교사는 밀가루 점토 만드는 방법을 유아들에게 시범 보인다.

- 비커의 50cc라고 표시된 선만큼 밀가루를 계량스푼으로 여러 번 떠 담으세요. 비커에 담은 밀가루를 그릇에 옮겨 담으세요.
- 다시 한 번 비커의 50cc라고 표시된 선만큼 밀가루를 담아 보세요. 비커에 담은 밀가루를 그릇에 옮겨 담으세요. 그릇에 담은 밀가루는 모두 몇 cc가 되었나요?
  - 100cc
- 식용색소를 탄 물을 비커의 50cc에 표시된 선까지 따르세요.
- 비커에 따른 물을 밀가루를 담은 그릇에 부으세요.
- 가장 작은 계량스푼으로 소금 한 번, 식용유 한 번을 떠서 그릇에 넣으세요. 소금은 밀가루 점토가 상하는 것을 막아 주고, 식용유는 반죽을 말랑말랑하게 해줘요.
- 그릇에 넣은 재료를 잘 섞어 가며 반죽을 하세요.
- 다 된 반죽 덩어리를 점토 통에 넣으세요. 이 반죽 덩어리는 조형 영역에서 점토 놀이를 할 때 사용할 수 있어요.

○ 유아들과 함께 밀가루 점토를 만든다.

○ 완성한 밀가루 점토를 조형 영역에 가져가서 점토 놀이를 한다.

밀가루 점토 만들기

집단형태

자유선택활동

활동유형

과학 영역

활동자료

밀가루, 소금, 식용색소를 탄 미지근한 물 TIP 1, 식용유, 눈금을 표시한 비커 TIP 2, 계량스푼, 투명한 그릇, 걸레, 작업 순서도, 작업복

'점토 만들기' 활동 자료

TIP 1 찬물에는 밀가루가 잘 녹지 않으므로 물을 미리 끓여 미지근하게 식히고 식용색소를 타 놓는다. 식용색소 외에도 녹차가루, 백년초가루, 코코아가루 등의 천연 염료를 사용하면 다양한 색깔을 낼 수 있다.

TIP 2 유아들이 한 주먹 크기의 점토를 만들 수 있도록 비커에 눈금을 표시해 둔다. 밀가루 100cc, 물 50cc로 주먹 크기의 점토를 만들 수 있다.

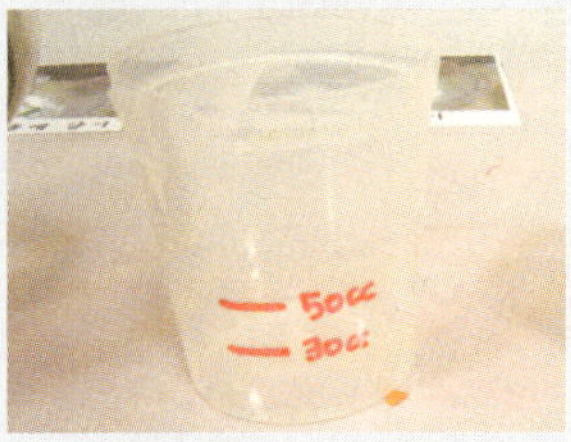

눈금을 표시한 비커

3. 고쳐 쓰기 · 다시 쓰기

우리가 다시 쓸 수 있는 것들 / 어떻게 고칠까요?
/ 우유갑을 휴지로 바꿔 주세요 / 우유갑 손질하기 / 우유갑에 그림 그리기
/ 폐품블록으로 만들기 / 폐품으로 집 만들기 / 폐품으로 인형 만들기
/ 폐품으로 만든 악기 연주하기 / 물려받고 물려주기
/ 프렌치토스트

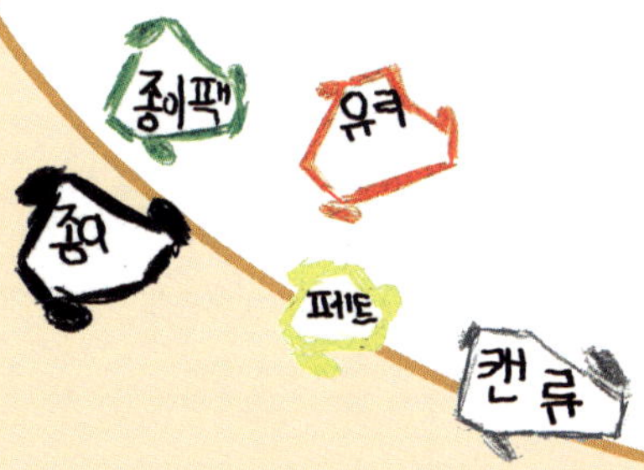

활 동
1 우리가 다시 쓸 수 있는 것들

집단형태

대집단활동

활동유형

이야기나누기

활동자료

유아들이 재활용할 수 있는 물건(예 : 우유갑, 요구르트통, 종이상자, 달걀판, 휴지 속심, 다 쓴 펜대 등), 재활용품으로 만든 물건 사진(예 : 플라스틱 물병으로 만든 화분, 휴지 속심으로 만든 작품, 헌 옷으로 만든 주방장갑, 우유갑으로 만든 연필꽂이 등)

활동목표

- 재활용의 의미와 필요성을 안다.
- 주변에서 재활용할 수 있는 물건을 찾아본다.
- 물건을 재활용하는 방법을 알고 실천한다.

활동방법

○ 유아들이 집에서 모아 온 재활용품을 소개한다.

- ○○가 무엇을 가지고 왔는지 살펴봅시다.
  - 우유갑, 요구르트통, 종이상자, 달걀판, 휴지 속심, 펜대, 펜 뚜껑 등
- 이 물건들을 왜 가지고 왔나요?
  - 친구들과 함께 사용하기 위해서 가지고 왔다.
  - 조형 영역에서 만들기 할 때 재료로 사용하기 위해 가지고 왔다.

○ 재활용의 의미와 필요성에 대하여 이야기 나눈다.

- 만약 이 물건들을 다시 쓰지 않고 버린다면 어떤 일이 일어날까요?
  - 쓰레기가 많아질 것이다.
  - 만들기 할 때 사용할 재료가 부족할 것이다.
- 쓰레기가 많아지면 어떤 일이 일어날까요?
  - 온 세상이 쓰레기로 가득 찰 것이다.
  - 주변이 더러워지고 여기저기서 냄새가 날 것이다.
  - 더러워진 곳에는 벌레나 병균들이 생길 것이다.
- 어떻게 하면 쓰레기를 줄일 수 있을까요?
  - 물건을 아껴서 사용한다.
  - 다시 쓸 수 있는 물건은 버리지 않고 재활용한다.
- 쓰레기 중에서 다시 쓸 수 있는 것을 모아서 새로운 물건으로 만드는 것을 '재활용'이라고 해요.

○ 폐품을 재활용한 사례를 살펴보며 이야기 나눈다.

- 무엇을 만든 것일까요?
  - 인형을 만들었다.
- 무엇으로 만들었을까요?

• 두루마리 휴지 안에 있는 속심을 사용했다.

○ 유치원에서 재활용할 수 있는 물건에 대하여 이야기한다.

■ 우리 반에서 다시 쓸 수 있는 물건은 무엇이 있을까요?

• 우유갑, 요구르트통, 종이상자, 달걀판, 휴지 속심, 펜대, 펜 뚜껑 등

○ 재활용품 사용에 유아들이 지속적으로 관심을 갖고 일상에서 습관화할 수 있도록 지도한다.

관련활동

■ 수학 · 조작 영역 '어떻게 고칠까요?' (54쪽 참고)
■ 실외 영역 '우유갑 손질하기' (57쪽 참고)
■ 쌓기 놀이 영역 '폐품블록으로 만들기' (60쪽 참고)
■ 조형 영역 '폐품으로 집 만들기' (62쪽 참고)
■ 조형 영역 '폐품으로 인형 만들기' (63쪽 참고)

활동 2

어떻게 고칠까요?

집단형태

자유선택활동

활동유형

수학 · 조작 영역

활동자료

분류 그림판, 그림카드 10장 (예: 구멍난 옷-실과 바늘, 찢어진 책-셀로판테이프, 고장난 자명종 시계-드라이버, 부서진 의자-망치와 못, 뜯어진 신발-본드 등)

그림카드

활동목표

- 물건을 고쳐서 다시 사용하는 방법을 안다.
- 물건을 고쳐서 다시 사용하는 습관을 기른다.
- 일대일대응 능력을 기른다.

활동방법

○ 물건을 고쳐 쓴 경험에 대해 이야기 나눈다.
- 고장난 물건을 고쳐본 적 있나요?
- 무엇을 고쳤나요?
- 어떻게 고쳤나요?

○ 그림카드를 보며 물건을 고치는 방법을 이야기한다.
- 이 옷은 어떻게 되었나요?
  - 구멍이 났다, 찢어졌다
- 찢어지거나 구멍이 난 옷은 어떻게 하면 고쳐 입을 수 있을까요?
  - 찢어진 부분을 실과 바늘로 꿰맨다.
  - 천을 덧대어 꿰맨다.
- 이 책은 어떻게 되었나요?
  - 찢어졌다
- 찢어진 책은 어떻게 고칠 수 있을까요?
  - 셀로판테이프로 찢어진 부분을 붙인다.
- 이 자명종 시계는 어떻게 되었나요?
  - 나사가 빠져있다, 멈추었다.
- 작동이 되지 않는 시계는 어떻게 고칠 수 있을까요?
  - 빠진 나사를 드라이버로 끼운다.
  - 건전지를 갈아 끼운다.
- 이 의자는 어떻게 되었나요?
  - 의자의 다리가 부러졌다.
- 부서진 의자는 어떻게 고칠 수 있을까요?
  - 망치와 못을 이용하여 고정시킨다.

■ 이 신발은 어떻게 되어 있나요?

- 밑창이 떨어졌다.

■ 밑창이 떨어진 신발은 어떻게 고칠 수 있을까요?

- 본드로 붙인다.

○ 망가진 물건 그림과 물건을 고치는 방법이 그림 카드를 짝짓는다.

○ 놀이를 마치고 나서 교구를 분류 · 정리한 뒤 교구장에 가져다 놓는다.

관련활동

■ 이야기나누기 '우리가 다시 쓸 수 있는 것들' (52쪽 참고)

활동 3

우유갑을 휴지로 바꿔 주세요

집단형태

자유선택활동

활동유형

수학 · 조작 영역

활동자료

재활용 공장 기본판 2개, 숫자 주사위(1~3까지 표시), 우유갑 그림 60개, 재생 휴지 그림 6개

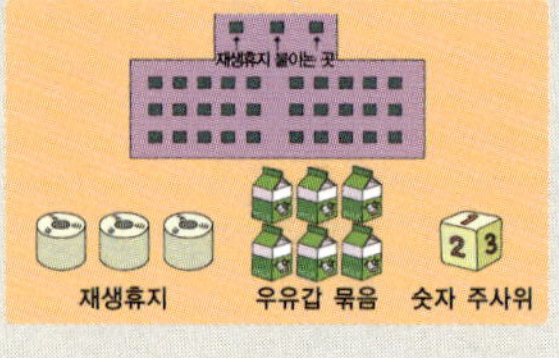

활동목표

- 우유갑으로 재생종이와 재생휴지를 만들 수 있음을 안다.
- 30 이하의 수를 센다.

활동방법

○ 우유갑을 재활용하여 만들 수 있는 것들을 이야기한다.

- 우유를 마시고 난 후 우유갑을 그냥 버리지 않고 모아 두면 어떻게 사용하나요?
    - 깨끗이 씻어 말린 후 만들기 재료로 사용한다.
- 물건이 들어 있던 박스나 우유갑, 신문지 등으로 종이나 휴지를 만들 수 있어요. 이렇게 만들어진 종이나 휴지를 '재생종이', '재생휴지' 라고 해요.

○ 활동 자료를 보며 활동 방법에 대해 이야기 나눈다.

- 우유갑을 모아 휴지로 재활용하는 게임을 해봅시다.
- 무엇이 있나요?
    - 우유갑 그림, 재생휴지 그림, 주사위, 재활용 공장 기본판
- 재활용 공장 기본판을 나누어 가져요.
- 주사위를 던져 나온 수만큼 자신의 판에 우유갑을 붙이세요.
- 우유갑이 10개가 될 때마다 우유갑 10개를 재생휴지 1개와 바꾸는 거예요.
- 재생휴지 3개를 먼저 갖는 사람이 이기는 게임이에요.

○ 순서를 정하고 게임을 한다.

- 누가 먼저 재생휴지 3개를 모았나요?
- 재생휴지 3개는 우유갑 몇 개와 같나요?
    - 30개
- ○○는 재생휴지와 우유갑을 각각 몇 개 모았나요?

○ 놀이를 마치고 나서 교구를 분류 · 정리한 뒤 교구장에 가져다 놓는다.

관련활동

- 이야기나누기 '우리가 다시 쓸 수 있는 것들' (52쪽 참고)
- 실외 영역 '우유갑 손질하기' (57쪽 참고)
- 조형 영역 '우유갑에 그림 그리기' (58쪽 참고)

활동 4 우유갑 손질하기

아껴 쓰기
나눠 쓰기 · 바꿔 쓰기
고쳐 쓰기 · 다시 쓰기

활동목표

- 우유갑을 재활용하는 방법을 익힌다.
- 폐품을 재활용하는 습관을 기른다.

활동방법

○ 우유갑을 재활용하는 이유에 대해 이야기한다.

- 우유를 마시고 난 후 우유갑을 어떻게 하나요?
- ○○○반 어린이들이 모두 우유를 마시고 난 후 바로 우유갑을 쓰레기통에 버리면 어떻게 될까요?
  - ○○○반 어린이들 수만큼 쓰레기가 많아진다.
  - 우유갑에 우유가 남아 있어 쓰레기통이 더러워진다.
  - 쓰레기통 주변에 냄새가 난다.
- 다 마시고 난 우유갑을 어떻게 하면 좋을까요?
  - 우유가 남지 않도록 깨끗이 씻어 말린 후 폐품을 모으는 통에 넣는다.

○ 우유갑을 재활용하는 방법에 대해 이야기한다.

- 우유갑을 어떻게 재활용할 수 있을까요?
  - 만들기를 할 때 사용한다.
  - 물건을 담아 놓는 상자로 사용한다.

○ 우유갑을 손질하는 방법에 대해 이야기한다.

- 우유갑을 재활용하기 전에 깨끗이 손질을 해야 해요. 어떻게 손질을 할까요?
  - 우유갑의 윗부분을 뜯는다. • 우유갑 안에 물을 넣고 여러 번 헹군다.
  - 우유갑을 쟁반 위에 거꾸로 세워 놓는다. • 햇볕이 잘 드는 곳에 쟁반을 놓는다.

○ 유아들과 이야기한 방법대로 우유갑을 손질한다.

○ 다 손질한 우유갑을 폐품통에 정리한다.

관련활동

- 이야기나누기 '우리가 다시 쓸 수 있는 것들' (52쪽 참고)
- 수학 · 조작 영역 '우유갑을 휴지로 바꿔 주세요' (56쪽 참고)
- 조형 영역 '우유갑에 그림 그리기' (58쪽 참고)

집단형태
자유선택활동 · 대집단활동

활동유형
실외 영역 · 이야기나누기

활동자료
우유갑, 쟁반

우유갑 손질하는 방법 이야기하기

우유갑 씻기

활동 5

우유갑에 그림 그리기

집단형태

자유선택활동

활동유형

조형 영역

활동자료

우유갑 자른 것TIP, 매직펜, 네임펜, 크레파스

'우유갑에 그림 그리기' 작업 준비

TIP 우유갑을 씻어 잘 말린 후 안쪽 면에 그림을 그릴 수 있도록 잘라 준비한다.

우유갑에 그림 그리기

활동목표

- 우유갑을 재활용하여 작품을 만든다.
- 폐품을 재활용하는 습관을 기른다.

활동방법

○ 우유갑을 손질했던 경험을 회상한다.

- 우유를 먹고 난 후 우유갑을 버리지 않고 어떻게 손질했나요?
  - 물로 깨끗이 씻어 햇볕에 말렸다.
- 우유갑을 왜 손질했나요?
  - 만들기를 할 때 사용하기 위해 손질했다.
  - 물건을 담아 놓는 상자로 사용하기 위해 손질했다.

○ 활동 방법을 소개한다.

- 우리가 손질해 놓은 우유갑을 잘라 왔어요.
- 우유갑의 겉면에는 무엇이 적혀 있나요?
  - 우유를 만든 회사 이름, 그림
- 우유갑의 안면을 살펴봅시다.
  - 흰색이다.
  - 아무것도 그려져 있지 않다. 글자도 쓰여 있지 않다.
- 우유갑의 안면을 도화지처럼 사용할 수 있어요. 우유갑 안면에 그림을 그려 볼 거예요.

○ 우유갑에 그림을 그린다.

- 네임펜이나 매직펜으로 그림을 그려 보세요.

관련활동

- 실외 영역 '우유갑 손질하기' (57쪽 참고)
- 수학 · 조작 영역 '우유갑을 휴지로 바꿔 주세요' (56쪽 참고)

확장활동

- 유아들이 그림을 그린 우유갑 조각 4개를 셀로판테이프로 붙여 연필을 넣을 수 있는 연필꽂이나 풀, 가위 등을 꽂을 수 있는 통을 만든다.

우유갑 그림으로 만든 풀통

활 동 6

폐품블록으로 만들기

집단형태

자유선택활동

활동유형

쌓기 놀이 영역

활동자료

폐품(예: 종이상자, 휴지 속심, 달걀판, 우유갑 등)

TIP 1 유아들이 가져온 폐품 중 블록으로 사용할 만한 것들을 골라 모서리에 셀로판테이프를 붙여 단단히 고정시킨 후 쌓기 놀이 영역 장에 비치한다.

TIP 2 유아들이 만든 구성물을 사진 찍어 친구들에게 작품을 소개할 때 보여주게 한 후 벽면에 게시한다.

활동목표

- 폐품을 재활용하여 놀이에 활용한다.
- 폐품을 재활용하는 습관을 기른다.
- 폐품을 이용하여 입체물을 구성한다.

활동방법

○ 유아들이 집에서 가져온 폐품을 쌓기 놀이 영역 블록장에 비치한다. **TIP 1**

○ 쌓기 놀이 영역에 있는 폐품에 대하여 유아들과 함께 이야기 나눈다.

- 새로 생긴 블록장에 무엇이 있나요?
    - 종이상자, 휴지나 테이프 안에 들어있는 속심, 우유갑, 달걀판 등이 있다.
- 폐품을 왜 블록장에 두었을까요?
    - 쌓기 놀이를 할 때 사용할 수 있도록 하기 위해 블록장에 모아 두었다.
    - 폐품을 쌓아 집, 자동차, 길 등을 만들 수 있다.
- 폐품으로 쌓기 놀이를 해봅시다.

○ 폐품으로 입체물을 구성한다.

○ 자신이 만든 작품을 친구들에게 소개한다. **TIP 2**

- 무엇을 만들었나요?
- 어떻게 만들었나요?
    - 휴지 속심 2개를 쌓은 후 종이상자를 얹어 나무를 만들었다.
    - 치약을 담았던 종이상자를 길게 늘어놓아 자동차길을 만들었다.
    - 큰 종이상자를 쌓아서 집을 만들었다.
    - 우유갑을 집 둘레에 늘어놓아 울타리를 만들었다.

폐품으로 구성물 만들기

확장활동

- 유아들과 함께 폐품 안에 폐지를 구겨 넣어 블록을 견고하게 만든 후 색지로 싸서 꾸민다.

관련활동

- 이야기나누기 '우리가 다시 쓸 수 있는 것들' (52쪽 참고)
- 조형 영역 '폐품으로 집 만들기' (62쪽 참고)
- 조형 영역 '폐품으로 인형 만들기' (63쪽 참고)
- 음률 영역 '폐품으로 만든 악기 연주하기' (64쪽 참고)

활 동
7 폐품으로 집 만들기

집단형태
자유선택활동

활동유형
조형 영역

활동자료
다양한 폐품(예: 종이상자, 플라스틱 용기, 페트병 뚜껑, 스티로폼 용기 등), 크레파스, 색지, 각종 꾸미기 재료(예: 스팽글, 자른 수수깡, 모루, 빵끈 등), 무독성 본드, 셀로판테이프

폐품으로 만든 집

활동목표

- 폐품을 재활용하는 방법을 익힌다.
- 폐품을 재활용하는 습관을 기른다.
- 폐품을 이용하여 입체물을 구성한다.

활동방법

○ 폐품으로 집 만드는 방법에 대해 이야기한다.
- 여러 가지 폐품으로 집을 만들어 볼 거예요.
- 어떤 집을 만들고 싶나요? 집을 만들기 위해 무엇이 필요한가요?
  - 큰 상자에 색지를 붙인다.
  - 큰 상자에 구멍을 뚫어 창문과 문을 만든다.
  - 종이에 지붕을 그리고 오려서 상자에 붙인다.
  - 작은 상자를 지붕 위에 붙여 굴뚝을 만든다.

○ 필요한 폐품을 고른다.
- 내가 만들고 싶은 집을 정하고 필요한 폐품을 골라 보세요.

○ 폐품으로 집을 만든다.

○ 완성한 집을 교실의 한 영역에 전시한다.

관련활동

- 쌓기 놀이 영역 '폐품블록으로 만들기' (60쪽 참고)
- 조형 영역 '폐품으로 인형 만들기' (63쪽 참고)
- 음률 영역 '폐품으로 만든 악기 연주하기' (64쪽 참고)

활동 8

폐품으로 인형 만들기

활동목표

- 폐품을 재활용하는 방법을 익힌다.
- 폐품을 재활용하는 습관을 기른다.
- 폐품을 이용하여 입체물을 구성한다.

활동방법

○ '폐품으로 인형 만들기' 방법을 이야기한다.

- 폐품을 이용하여 인형을 만들어 볼 거예요.
- 어떤 폐품들이 있나요?
- 어떤 인형을 만들고 싶나요?
- 인형을 만들기 위해 어떤 폐품들이 필요한가요?
    - 몸 : 종이상자나 플라스틱통이 필요하다.
    - 머리 뚜껑이나 탁구공을 몸에 붙인다.
    - 손과 발 : 플라스틱 숟가락을 몸에 붙인다.
    - 머리카락 : 모루나 빵끈을 꼬아 붙이거나 털실을 꼬아 머리에 붙인다.
    - 옷 : 조각종이나 조각부직포를 잘라 몸에 붙인다.

○ 폐품으로 인형을 만든다.

○ 완성한 인형은 말하기 영역이나 상상 놀이 영역에 두어 유아들이 놀이에 활용하게 한다.

관련활동

- 이야기나누기 '우리가 다시 쓸 수 있는 것들' (52쪽 참고)
- 쌓기 놀이 영역 '폐품블록으로 만들기' (60쪽 참고)
- 조형 영역 '폐품으로 집 만들기' (62쪽 참고)
- 음률 영역 '폐품으로 만든 악기 연주하기' (64쪽 참고)

집단형태

자유선택활동

활동유형

조형 영역

활동자료

다양한 종류의 폐품(예: 종이상자, 우유갑, 요구르트병, 탁구공, 플라스틱통, 여러 가지 뚜껑 등), 다양한 종류의 꾸미기 재료(예: 털실, 조각종이, 수수깡 조각, 빵끈 등), 무독성 본드, 가위, 풀

완성한 인형으로 인형 놀이하기

활동 9

폐품으로 만든 악기 연주하기

집단형태

자유선택활동

활동유형

음률 영역

활동자료

폐품으로 만든 악기, 폐품(예: 페트병, 휴지 속심, 테이프 속심, 분유통 등), 무독성 본드, 풀, 셀로판테이프, 매직펜, 조각종이, 구슬, 작은 돌, 방울, 곡식(예: 콩, 쌀, 조 등)

활동목표

- 폐품을 재활용하는 방법을 익힌다.
- 폐품을 재활용하는 습관을 기른다.
- 여러 가지 물건을 활용하여 소리를 만들어 본다.

활동방법

○ 폐품으로 악기를 만들 것임을 알려 준다.
- 폐품으로 여러 가지 악기를 만들어 볼 거예요. 어떤 폐품들이 있는지 살펴봅시다.
  - 페트병, 휴지 속심, 분유통, 구슬, 방울, 곡식(예: 콩, 쌀, 조 등)
- 이 재료들로 어떻게 악기를 만들 수 있을까요?
  - 페트병 안에 물건을 넣고 흔들어 소리를 낸다.
  - 휴지 속심이나 테이프 속심에 방울을 달아 방울악기를 만든다.
  - 분유통으로 북을 만든다.

○ 폐품을 이용하여 악기를 만든다.
- 어떤 악기를 만들지 정해 보세요.
- 필요한 폐품을 골라 악기를 만들어 보세요.
- 악기에 크레파스, 매직펜 등으로 그림을 그려 꾸며 보세요.

○ 완성된 악기를 비슷한 모양과 소리별로 분류하여 악기장에 내 준다.

○ 악기 연주 방법을 알아보고 악기 소리를 들어 본다.
- 빈 통 안에 물건을 넣고 흔들어 소리를 내는 악기를 '쉐이커'라고 해요. 우리가 폐품으로 만든 쉐이커에는 어떤 것들을 넣었나요?
  - 곡식, 꾸미기 재료, 작은 돌 등
- 소리가 어떻게 다른 가요?
- 휴지 속심이나 테이프 속심에 방울을 달아 만든 악기를 흔들어 소리를 내 보세요.
- 분유통을 이용하여 만든 악기는 어떻게 연주하는 것일까요?
  - 나무젓가락으로 두드려 소리를 낸다.
- 악기를 두드려 소리를 내 보세요.

○ 노래를 부르며 함께 악기를 연주한다.
- 다함께 노래를 부르며 악기를 연주해 봅시다.

- 우리가 만든 악기는 음률 영역에 둘 거예요. 방안놀이 시간에 음률 영역에서 폐품 악기를 연주해 보세요.

관련활동

- 이야기나누기 '우리가 다시 쓸 수 있는 것들' (52쪽 참고)
- 쌓기 놀이 영역 '폐품블록으로 만들기' (60쪽 참고)
- 조형 영역 '폐품으로 집 만들기' (62쪽 참고)
- 조형 영역 '폐품으로 인형 만들기' (63쪽 참고)

폐품으로 만든 악기

활동 10

물려받고 물려주기

집단형태

대집단활동

활동유형

동화

활동자료

동화 '빨간 줄무늬 바지'(채인선 글, 이진아 그림, 보림)를 파워포인트로 만든 동화 자료

활동목표

- 물건을 아껴 쓰고 나눠 쓰는 것의 필요성을 이해한다.
- 물건을 아껴 쓰는 태도를 기른다.

활동방법

○ '빨간 줄무늬 바지' 파워포인트 동화를 들려준다.
- 시장에서 산 빨간 줄무늬 바지 한 벌을 여러 명의 어린이들이 물려 입는 동화를 들려줄게요.

○ 동화의 내용을 회상한다.

○ 옷을 물려받았던 경험을 이야기 나눈다.
- ○○○반 어린이들은 형이나 언니가 입던 옷을 물려받은 적이 있나요?
- 어떤 옷을 물려받았나요?

○ 물려받기의 좋은 점에 대해 이야기 나눈다.
- 옷을 물려받으면 어떤 점이 좋은가요?
  - 새 옷을 사지 않아도 돼 절약할 수 있다.

○ 옷을 물려주었던 경험을 이야기 나눈다.
- ○○○반 어린이들은 옷을 물려준 적이 있나요?
- 누구에게 물려주었나요?
- 옷을 물려줄 때 기분이 어땠나요?

○ 물려주기의 좋은 점에 대해 이야기 나눈다.
- 옷을 물려주면 어떤 점이 좋을까요?
  - 물려 줄 옷이라고 생각하고 깨끗하게 입을 수 있다.

○ 물려받거나 물려줄 수 있는 물건들과 방법에 대해 이야기 나눈다.
- 어떤 물건을 물려줄 수 있을까요?
  - 작아진 신발을 물려줄 수 있다.
  - 더 이상 가지고 놀지 않는 놀잇감을 물려줄 수 있다.
  - 어릴 때 읽었던 책을 물려줄 수 있다.
- 누구에게 무엇을 물려줄 수 있을까요?
  - 동생에게 물려준다.

- 필요한 사람들에게 보낸다.

■ 물려줄 물건을 어떻게 손질해서 주면 좋을까요?

- 옷과 신발은 깨끗이 빨아서 준다.
- 망가진 고장 난 곳을 확인하고 고쳐서 준다.

■ 누구에게 물려받고 싶은 물건이 있나요?

- 언니의 예쁜 옷을 물려받고 싶다.
- 형의 가방을 물려받고 싶다.

○ 물려받고 물려주기에 유아들이 관심을 갖고 실천할 수 있도록 지도한다.

관련활동

■ 이야기나누기 '벼룩시장에 팔 물건 가져오기' (41쪽 참고)

활동 11

프렌치토스트

집단형태

소집단활동(약 10명)

활동유형

과학

활동자료

- 재료(유아 8명 기준) : 식빵 8개, 우유 240ml, 계란 4개, 설탕 1ts, 소금 1ts, 식용유
- 기구(유아 8명 기준) : 전기 프라이팬, 접시, 작은 그릇, 투명한 그릇, 숟가락, 계량컵, 계량스푼, 유아용 빵칼, 거품기, 뒤집개
- 기타 : 요리보, 요리복

활동목표

- 식빵의 성질(색깔, 맛, 촉감, 냄새 등)을 탐색한다.
- 가열에 따른 식빵의 상태 변화를 관찰한다.
- 음식조리용 도구와 기계의 사용 방법을 알고 활용한다.
- 요리하는 과정에 즐겁게 참여한다.

활동방법

○ 등원 시 요리할 모둠을 선택하게 한다.

○ 첫 번째 모둠부터 손을 씻고 책상에 모여 요리복을 입는다.

○ 프렌치토스트 요리를 소개한다.

- 토스트를 먹어 본 적 있나요?
- 프랑스 사람들은 오래 두어 딱딱해진 빵을 부드럽게 만들기 위해 계란과 우유에 담궈서 먹었다고 해요.
- 우리도 프렌치토스트를 만들어 간식으로 먹어 봅시다.

○ 요리에 필요한 재료와 도구를 살펴본다.

- 식빵은 어떤 모양인가요?
- 식빵에서 어떤 냄새가 나나요?
- 식빵을 만지면 느낌이 어떨까요?
- 거품기는 계란의 흰자와 노른자가 잘 저어 거품을 일게 할 때 사용해요.
- 계량컵과 계량스푼에 무엇이 쓰여 있나요?
  - 눈금과 숫자가 쓰여 있다.
- 계량컵과 계량스푼은 재료를 얼만큼 넣을지 잴 때 사용하는 기구예요.

○ 프렌치토스트 요리를 한다.

| 요리 순서 |

① 계란을 깨서 투명한 볼에 담는다.

- 선생님과 함께 그릇에 계란을 깨서 담아 봅시다.

② 우유를 알맞은 양만큼 계량컵에 따른 후 투명한 볼에 옮겨 붓고, 설탕과 소금을 넣는다. 거품기로 젓는다.

- 계란 깬 것을 투명한 그릇에 모으고 우유, 설탕, 소금을 넣어 계란물을 만들어

볼 거예요. 5~6번씩 거품기로 휘저은 다음 옆 사람에게 전해 주세요.

③ 식빵을 반으로 자른다.

- 식빵을 반으로 잘라 봅시다. TIP

④ 자른 식빵을 재료를 섞어 놓은 투명한 볼에 넣는다.

- 자른 식빵을 계란물에 넣을 거예요. 식빵에 계란물을 잘 묻혀 보세요.

⑤ 전기 프라이팬에 식빵을 올려놓고 익힌다.

- 선생님이 달구어진 전기 프라이팬에 식용유를 두르고 식빵을 놓을게요. 어떤 냄새가 나나요?
- 식빵을 뒤집어 봅시다. 식빵 색깔이 어떻게 되었나요?

○ 요리 활동을 정리한다.

○ 완성된 요리를 음료와 함께 간식으로 먹는다.

TIP 유아들이 식빵을 자르는 동안 교사는 전기 프라이팬의 불을 켜서 달구어 놓는다.

식빵 자르기

계란물에 식빵 담그기

부록

1. 주간교육계획안

만 4세 ○○○ 반 주간교육계획안 20○○ 학년도 ○ 월 ○ 주	생활주제	소비생활	주 제	아껴 쓰기 나눠 쓰기 · 바꿔 쓰기
목 표	아껴 쓰고, 나눠 쓰고, 바꿔 쓰는 습관을 기른다. / 벼룩시장의 의미를 알고 벼룩시장 준비에 적극적으로 참여한다. / 합리적인 소비생활을 하는 태도를 기른다.			

활동	요일/날짜	월(○일)	화(○일)	수(○일)	목(○일)	금(○일)	평가
자유선택활동	쌓기 놀이 영역	• 폐품블록으로 구성하기(종이상자, 플라스틱통, 깡통 등으로 구성물 만들기) • 와플블록과 렉스블록으로 구성물 만들기 →					
	역할 놀이 영역	• 장난감 가게 놀이하기 • 벼룩시장 놀이하기(물건 진열하기, 물건 고르기, 계산하기 등) →					
	언어 영역	• '소비생활' 생활주제 관련 그림책(빨간 줄무늬 바지, 내가 물려받은 것들, 요셉의 작고 낡은 오버코트가 등) • '벼룩시장' 글씨 쓰기 →					
	수학 · 조작 영역	• '소비생활' 생활주제 관련 수학 · 조작 교구(가게와 물건 연결하기, 장난감 수선소) 하기 • 퍼즐 맞추기 →					
	과학 영역	• 점토 나누기(수대로 등분하기) • 여러 가지 시계(모래시계, 톱니바퀴시계, 전자시계, 초시계, 모형시계 등) 관찰하기 →					
	조형 영역	• 재활용품으로 만들기 →		• 벼룩시장 전단지, 포스터, 가게 간판 만들기 →		• 종이접기	
	음률 영역	• '소비생활' 생활주제 관련 악기(페트병 마라카스, 분유통 북 등) 연주하기 →					
	실외 영역	• 마당 : 종합놀이터, 모래놀이터, 대근육기구(그네, 네스팅브릿지 등) 놀이하기 / 자전거 타기(화, 수, 금요일) / 축구하기(월, 목요일) / 토끼 관찰하기 →					
대 · 소집단활동	이야기나누기	• 우리가 나눠 쓰고 바꿔 쓸 수 있는 것들	• 벼룩시장-물건 분류하기 • 아끼는 물건 소개하기	• 벼룩시장-전단지 만들기 • ○○○ 생일축하	• 벼룩시장-가게 만들기	• 어린이 벼룩시장	
	동화 · 동극 · 동시	• 행복한 의자나무(반입체)				• 물려주고 물려받기	
	음 악	• 낙엽(새노래)		• 기쁨 주는 생일			
	율 동			• ○○○를 보았니			
	체 육		• 옆으로 구르기				
	게 임		• 몸 굴려 반환점 돌아오기				
	수 학				• 돈의 크기 비교하기		
	과 학						
	사 회				• 예배	• 잃어버린 물건 찾아가기	
	바깥 놀이					• 우유갑 씻기	
	간 식	• 찐고구마1/2, 우유	• 떡볶이5, 보리차	• 생일간식(유기농과자), 사과주스	• 꿀떡2, 우유	• 찰보리빵1, 팩우유	
	전이 · 주의집중	• 나뭇잎 자리 바꾸기	• 배운 노래 부르기	• 생일축하 노래 부르기	• 동전 수 세기	• 악기 소리에 맞춰 손뼉치기	
	귀가지도	• 아끼는 물건 가져오기 • 겉옷 스스로 입기	• 아끼는 물건 가져오기 • 빌린 그림책 가져오기	• 빌린 그림책 가지고 가기 • 내일 예배를 드릴 것임	• 내일은 벼룩시장하는 날임 • 도시락 가지고 오기	• 도시락, 실내화 가지고 가기 • 주말 잘 지내기	
비 고				※ 그림책 반납 및 대출 ※ ○○○ 생일축하	※ 예배(○○○ 전도사님)	※ 점심 먹는 날 (귀가시간 12:50) ※ 어린이벼룩시장	
총 평							

만 4세 ○○○ 반 주간교육계획안 20○○ 학년도 ○ 월 ○ 주	생활주제	소비생활	주 제	아껴 쓰기 나눠 쓰기 · 바꿔 쓰기

목 표	자원의 소중함을 알고, 아껴 쓰고 고쳐 쓰고 다시 쓰는 습관을 기른다. / 소비 주체로서의 역할, 권리와 책임을 알고 합리적인 소비생활을 하는 능력을 기른다.

활동	요일/날짜	월 (○ 일)	화 (○ 일)	수 (○ 일)	목 (○ 일)	금 (○ 일)	평 가
자유선택활동	쌓기 놀이 영역	• 종이벽돌블록과 미니할로우블록으로 가게 만들기 • 와플블록과 렉스블록으로 구성물 만들기 →					
	역할 놀이 영역	• 벼룩시장 놀이하기 • 바자회 놀이하기(가게별로 물건 사고팔기, 음식 만들어 팔기) →					
	언어 영역	• '소비생활' 생활주제 관련 그림책(피터의 의자, 너도 갖고 싶니, 내가 물려받은 것들 등) 보기 • 벼룩시장에서 살 수 있는 물건 그림카드 분류하기 →					
	수학 · 조작 영역	• '소비생활' 생활주제 관련 수학 · 조작 교구(가게와 물건 연결하기, 장난감 수선소) 하기 • 그림 맞추기 →					
	과학 영역	• 여러 가지 시계(모래시계, 톱니바퀴시계, 전자시계, 초시계, 모형시계 등) 관찰하기 • 옛날 시계(해시계, 물시계 등)에 대한 화보, 그림책 보기 →					
	조형 영역	• 사랑의 저금통 만들기(우유팩 이용) →		• 조각종이로 모자이크하기(공동작업) →		• 낡은 블록 색칠하기	
	음률 영역	• '소비생활' 생활주제 관련 악기(페트병 마라카스, 분유통 북 등) 연주하기 →					
	실외 영역	• 마당 : 종합놀이터, 모래놀이터, 대근육기구(그네, 네스팅브릿지 등) 놀이하기 / 자전거 타기(화, 수, 금요일) / 축구하기(월, 목요일) / 토끼 관찰하기 →					
대 · 소집단활동	이야기나누기	• 사랑의 저금통 만들기 및 저금하기	• 우리가 아껴 쓸 수 있는 것들	• 모자이크 공동작업 밑그림 의논	• 우리가 고쳐 쓰고 다시 쓸 수 있는 것들	• 우리 반에 필요한 물건	
	동화 · 동극 · 동시		• 코끼리와 버릇없는 아기 (반입체 동화)	• 펠레의 새 옷(실물화상기)			
	음 악		• 작은 조각종이(새노래)		• 나뭇잎(새노래)		
	율 동						
	체 육					• 기본율동(걷기, 달리기, 스키핑)	
	게 임	• 물건 아끼기					
	수 학		• 조각종이 크기대로 분류하기				
	과 학						
	사 회	• 재활용품 손질하기(지난 금요일에 씻은 우유갑 만 3세 학급에 가져다 주기)			• 예배		
	바깥 놀이			• 유니바 뛰어넘기(10개)			
	간 식	• 바람떡2, 우유	• 호밀과일빵1, 우유	• 유기농카스테라1/2, 우유	• 찐밤4, 우유	• 산딸기과자1, 감귤주스	
	전이 · 주의집중	• 유아들이 가져온 아끼는 물건 소개하기	• 색종이 패턴 맞히기	• 모자이크 작품 감상하기	• 나뭇잎 자리 바꾸기	• 배운 노래 부르기	
	귀가지도	• 겉옷 스스로 입기 • 바르게 인사하기	• 빌린 그림책 가져오기	• 빌린 그림책 가지고 가기 • 내일 예배를 드릴 것임	• 내일은 점심먹는 날임, 도시락 가져오기	• 도시락, 실내화 가지고 가기 • 주말 잘 지내기	
비 고				※ 그림책 반납 및 대출	※ 예배(○○○ 전도사님)	※ 점심 먹는 날(귀가시간 12:50)	
총 평							

2. 일일교육계획안

담임	원감	원장

학급명	○○○반 (만 4세)	날 짜	20○○년 ○월 ○일 ○요일	수업일수	○○ / ○○○일
생활주제	소비생활	주 제	아껴 쓰기 고쳐 쓰기 · 다시 쓰기	소주제	자원을 아끼는 방법 아껴 쓰는 습관
목 표	자원의 소중함과 자원을 아껴 쓰는 방법을 안다. / 자원을 아껴 쓰는 습관을 기른다.				
일일 시간표	9:00~ 등원 및 실내자유선택활동 9:50~ 정리정돈 및 화장실 다녀오기 10:00~ 이야기나누기 '우리가 아껴 쓸 수 있는 것들' 10:20~ 간식 '호밀과일빵1, 우유' 10:45~ 노래 '작은 조각종이' 11:05~ 실외자유선택활동 11:50~ 정리정돈 및 화장실 다녀오기 12:00~ 반입체동화 '코끼리와 버릇없는 아기' 12:15 ~ 귀가지도				

시간 / 활동명	활 동 목 표	활 동 내 용	준비물 및 유의점	평 가
9:00~ 등원 및 실내자유 선택활동	• 선생님께 바르게 인사하는 태도를 기른다. • 저금의 의미를 알고 재활용품을 이용하여 저금통을 아름답게 꾸민다. • 블록으로 가게를 구성한다.	• 등원 및 인사나누기 - 선생님과 인사나누기 - 출석 표시판에 이름표 붙이기 • 실내자유선택활동하기 [조형] 저금통 만들기 - 지난 주 금요일에 씻어서 말린 우유갑 밑면에 이름 쓰기 - 우유갑 네 면에 색지 붙이기 - 색지 위에 그림 그리거나 조각 한지 붙여서 꾸미기 [쌓기] 종이벽돌블록과 미니할로우블록으로 가게 만들기 - 종이벽돌블록과 미니할로우블록으로 가게 만들기 - 팔고 싶은 물건 전시하기	• 출석표시판, 이름표 - 유아 맞이하기 : ○○○교사 • 조형 : 우유갑 씻어서 말린 것, 코팅파지에 동전 구멍 뚫은 것, 네모로 잘라둔 색지, 조각한지, 풀, 사인펜, 색연필, 가위 - 조형 : ◇◇◇ 교사 • 쌓기 : 종이벽돌블록, 미니할로우블록 등	

시간 / 활동명	활 동 목 표	활 동 내 용	준비물 및 유의점	평 가
9:00~ 등원 및 실내자유 선택활동	• 벼룩시장의 경험을 회상하며 극놀이로 표현한다.	[역할] 벼룩시장 놀이하기 - 물건 분류하기 - 손님, 주인 역할 나누기 - 벼룩시장에서 물건 사고팔기	• 역할: 벼룩시장 간판, 포스터, 물건(인형, 가방 등), 진열대, 유아들이 만든 동전 등	
	• 말하기, 듣기, 읽기에 관심을 가지고, 그림책을 즐겨 보는 습관을 기른다.	[언어] '소비생활' 생활주제 관련 그림책 보기 - '소비생활' 생활주제 관련 그림책('피터의 의자', '너도 갖고 싶니?' 등) 보기 - '이화가족 가을놀이마당에서 재미있었던 일' 녹음 자료 듣기	• 언어 : 그림책, 카세트테이프 플레이어, 이화가족 가을놀이마당에서 재미있었던 일 녹음 카세트테이프	
	• 조작 교구와 그림 맞추기 하는 방법을 안다.	[수학 · 조작] '소비생활' 생활주제 관련 수학 · 조작교구, 그림 맞추기 - '가게와 물건 연결하기' 수학 · 조작교구하기 - 가을나무 그림 맞추기	• 수학 · 조작 : 가게 그림과 가게에서 파는 물건 그림, 그룹 게임, 그림맞추기 등	
	• 다양한 시계를 탐색한다. • 잎맥을 자세히 관찰하고 표현한다.	[과학] 여러 가지 시계 관찰하기 - 모래시계, 전자시계, 초시계, 모형시계 등 관찰하기 - 낙엽 잎맥 그리기	• 과학 : 시계(예 : 모래시계, 초시계, 전자시계, 모형시계 등), 낙엽 코팅한 것, 라이트박스, 잎맥 그릴 종이, 연필, 지우개	
	• 음률 영역에 있는 악기를 바르게 연주하는 방법을 알고 즐겁게 연주한다. • 올바른 기본 생활습관을 형성한다.	[음률] '소비생활' 생활주제 관련 악기 연주하기 - 페트병 마라카스, 분유통 북 등 연주하기 • 기본 생활습관 지도하기 - 바르게 인사하기, 실내에서 걸어 다니기, 놀던 장난감 정리하기	• 음률 : 페트병 마라카스, 분유통 북 등	
9:50~ 정리정돈 및 화장실 다녀오기	• 자기가 가지고 놀던 놀잇감을 정리할 수 있다. • 친구를 도와주고 협력하는 태도를 기른다.	• 자기가 놀았던 영역부터 정리하기 • 다른 친구들이 정리하는 것 도와주기 • 화장실 다녀오기		
10:00~ 이야기나누기 '우리가 아껴 쓸 수 있는 것들'	• 자원을 아껴 쓰는 이유와 방법을 안다. • 자원을 아껴 쓰는 습관을 기른다.	◎ 이야기나누기 '우리가 아껴 쓸 수 있는 것들' • 자리정돈 및 주의집중 : 배운 노래 부르기 • '아껴 쓰기'의 의미와 필요성 이야기나누기 - '아껴 쓴다'는 것은 어떤 뜻일까요? (물건을 함부로 사용하지 않고, 필요할 때 필요한 만큼만 사용하는 것) - 왜 물건을 아껴 써야 할까요? (물건이 아깝기 때문에, 새것을 사려면 돈이 들기 때문에 등) • 유치원에서 아껴 쓸 수 있는 것과 아껴 쓰는 방법 이야기나누기	• 이야기나누기 자료, 게시판	

시간 / 활동명	활 동 목 표	활 동 내 용	준비물 및 유의점	평 가
10:00~ 이야기나누기 '우리가 아껴 쓸 수 있는 것들'		- 우리 반에서 아껴 쓸 수 있는 것은 무엇이 있을까요? (유아 이야기 듣기) - 어떻게 하면 아껴 쓸 수 있을까요? ① 색종이: 여러 장 꺼내지 않고 필요한 만큼만 꺼내서 쓰기 ② 도화지: 한 장씩 꺼내서 쓰기, 완성하지 못한 그림이 있으면 먼저 완성한 다음에 새 종이 쓰기 ③ 휴지: 손을 씻고 물기를 닦을 때 휴지를 1장씩만 쓰기 • 가정에서 아껴 쓸 수 있는 것과 아껴 쓰는 방법 이야기나누기 - 집에서 아껴 쓸 수 있는 것은 무엇이 있을까요? (유아 이야기 듣기) - 어떻게 하면 아껴 쓸 수 있을까요? ① 수돗물: 세수를 하거나 이를 닦을 때 필요한 만큼 사용하기, 수도꼭지 잘 잠그기 ② 장난감: 던지지 않기, 놀이한 다음에는 정리하기 ③ 전기: 사용하지 않는 전등이나 전기기구 끄기, 냉난방기 사용 시 적정 온도 맞추기		
10:20~ 간식 '호밀과일빵1, 우유'	• 손을 깨끗이 씻는 습관을 기른다. • 음식을 골고루 먹는다.	• 화장실에서 손 씻기 • 간식 먹기 • 간식을 다 먹은 후 언어, 조형영역 놀이하기	• 간식차 가져오기 및 손씻기 지도: ◇◇◇ 교사 • 간식 준비 및 지도: ○○○ 교사	
10:45~ 노래 '작은 조각종이'	• 종이를 아껴 쓰는 방법을 안다. • 종이를 아껴 쓰는 습관을 기른다.	◎ 노래 '작은 조각종이' • 자리정돈 및 주의집중 : 조각종이 크기대로 분류하기 • 조각종이 써 본 경험 이야기나누기-조각종이를 써본 적이 있나요? 조각종이로 무엇을 했나요? - 왜 큰 도화지를 쓰지 않고 조각종이를 썼나요? - 종이를 왜 아껴 써야 할까요? • 노랫말 이야기로 듣기 - 어떤 어린이가 작은 개미를 그리고 싶어서 미술 책상에서 종이를 찾아봄, 큰 종이를 보았지만 개미를 그리기에는 적당하지 않다고 생각함. 그래서 작은 조각종이를 꺼내서 개미 한 마리를 그렸음 • 교사 노래 듣기 - 내가 그리고 싶은 건 개미 한 마리 종이가 어디에 있을까 찾아보았네 이만한 종이는 어떨까 (이건 너무 크잖아) 그러면 이 종이는 어떨까? (아직도 너무 크네) 내가 그리고 싶은 건 개미 한 마리 작은 조각종이에 그릴 수 있네 • 키보드 소리로 멜로디 듣기 • CD에 녹음된 것 듣기 • 교사와 유아가 노래를 나누어서 부르기 • 다함께 부르기 • 배운 노래 부르기 : 낙엽, 행복한 마음	• 조각종이 바구니, 매직펜, 키보드, 낮은 책상, 김진영 동요CD, CD 플레이어	

시간 / 활동명	활 동 목 표	활 동 내 용	준비물 및 유의점	평 가
11:05~ 실외자유선택활동	• 실외 놀이 규칙을 지키며 안전하게 놀이한다. • 실외 놀이 시설을 안전하게 사용한다.	• 실외자유선택활동하기 [조합놀이터] 줄잡고 올라가기, 미끄럼틀, 그물, 모래 도르래 등 [모래놀이터] 모래 놀이 용구로 산 만들기, 깊게 파기, 음식 만들기 [대근육기구] 그네, 네스팅브릿지에서 놀이하기 [자전거길] 자전거타기 [그늘집] 유니바 뛰어넘기(모둠발 뛰기)	• 탬버린, 유아명단 - 자전거 지도 : ◇◇◇ 교사 - 전체 : ○○○ 교사 * 교사는 유아들이 안전하게 놀이하도록 지도한다.	
11:50~ 정리정돈 및 화장실 다녀오기	• 자기가 가지고 놀던 놀잇감을 정리할 수 있다. • 친구를 도와줄 수 있다.	• 선생님이 탬버린을 흔들면 선생님 앞에 줄서기 • 교실에 들어가서 신발, 겉옷 정리하고 화장실 다녀오기 • 물마시기	• 정리신호 : ○○○ 교사 • 유아 수 확인 : ○○○ 교사	
12:00~ 반입체 동화 '코끼리와 버릇없는 아기'	• 동화의 줄거리를 이해하며 감상한다. • 다양한 상점의 기능에 대해 안다.	◎ 반입체 동화 '코끼리와 버릇없는 아기' • 자리정돈 및 주의집중: 가게와 물건 연결하기 • '벼룩시장' 회상하기 - 지난 주 금요일에 벼룩시장을 했음. 벼룩시장에서 어떤 물건을 샀나요? - 그 물건은 어느 가게에서 샀나요? (서점, 장난감 가게, 가방 가게, 인형 가게) - 왜 그 물건을 샀나요? 왜 필요했나요? • 동화 소개하기 - 동화 속에서 아기는 가게에 가서 무엇을 했는지 들어 보세요. • 동화 듣기	• 반입체 동화자료, 낮은 책상, 주의집중 자료(가게 그림과 물건 그림)	
12:15~ 귀가지도	• 귀가 전 해야 할 일을 알고 스스로 하는 습관을 기른다. • 바르게 인사하는 습관을 기른다.	• 가정통신문 가지고 가기 • 내일 그림책 가지고 오기 • 겉옷 스스로 입고 지퍼, 단추 채우기 • 바르게 인사하기	• 가정통신문 - 복도 : ◇◇◇ 교사 - 유아인솔 : ○○○ 교사	
총평				

참고문헌

김진영(2009). 김진영 동요집. 교문사.

이기숙 · 김희진 · 이경미 · 이순영(1998). 유아를 위한 소비자교육 프로그램. 양서원.

이은화 · 김순세(1973). 어린이 춤곡. 형설출판사.

이화여자대학교 사범대학 부속 이화유치원(1970). 노래동산.

이화여자대학교 사범대학 부속 이화유치원(1987). 유아를 위한 즐거운 놀이.

채인선 · 이진아(2007). 빨간 줄무늬 바지. 보림.

저자소개

홍용희 이화여자대학교 사범대학 부속이화유치원 원장
이화여자대학교 사범대학 유아교육과 교수

오지영 이화여자대학교 사범대학 부속이화유치원 원감

강은정 현 이화여자대학교 사범대학 부속이화유치원 교사

김은수 현 이화여자대학교 사범대학 부속이화유치원 교사

김혜전 전 이화여자대학교 사범대학 부속이화유치원 교사

이예린 현 이화여자대학교 사범대학 부속이화유치원 교사

장정윤 전 이화여자대학교 사범대학 부속이화유치원 교사

이화유치원

교육과정 운영의 실제

만 4세 ⑩ 소비생활

2012년 4월 2일 초판 인쇄
2012년 4월 10일 초판 발행

지은이 이화여자대학교 사범대학 부속이화유치원
펴낸이 류제동
펴낸곳 (주)교 문 사

책임편집 정혜재
본문디자인 아트미디어
표지디자인 이수미
제작 김선형
영업 정용섭·이진석·송기윤

출력 아트미디어
인쇄 동화인쇄
제본 한진제본

우편번호 413-756
주소 경기도 파주시 교하읍 문발리 출판문화정보산업단지 536-2
전화 031-955-6111(代)
팩스 031-955-0955
등록 1960. 10. 28. 제406-2006-000035호

홈페이지 www.kyomunsa.co.kr
E-mail webmaster@kyomunsa.co.kr
ISBN 978-89-363-1227-5 (93370)
ISBN 978-89-363-1141-4 (93370) 전 36권

값 14,000원